EL CÁRTEL INCÓMODO

José Reveles

EL CÁRTEL INCÓMODO

El fin de los Beltrán Leyva
y la hegemonía del Chapo *Guzmán*

Grijalbo

El cártel incómodo
El fin de los Beltrán Leyva
y la hegemonía del Chapo *Guzmán*

Primera edición: abril, 2010
Sexta reimpresión: octubre, 2010

D. R. © 2009, José Reveles

D. R. © 2010, derechos de edición mundiales en lengua castellana:
Random House Mondadori, S. A. de C. V.
Av. Homero núm. 544, col. Chapultepec Morales,
Delegación Miguel Hidalgo, 11570, México, D. F.

www.rhmx.com.mx

Comentarios sobre la edición y el contenido de este libro a:
literaria@rhmx.com.mx

ISBN 978-607-429-991-5

Impreso en México / *Printed in Mexico*

Índice

ANEXOS

Introducción

Si algo resulta veneno puro para la salud del país y para la credibilidad del gobierno, es que el presidente de la República tenga que salir a defenderse en público, a él mismo y a su gabinete, de graves acusaciones de favorecer o impulsar a un grupo de traficantes de drogas —en este caso el cártel del Pacífico o de Sinaloa—, mientras se empeña en atacar sin miramientos a los que son enemigos de esa privilegiada organización.

Si algo desconcierta a la sociedad es que durante tres años se haya mantenido una postura irreductible de "guerra al narcotráfico" y a la delincuencia organizada, con 50 mil soldados y marinos, más de 30 mil policías federales y muchas más decenas de miles de agentes estatales y municipales, para finalmente reconocer, apenas en febrero de 2010, que habría que cambiar la estrategia. La autoridad se vio obligada a esta rectificación discursiva —falta mucho para que sea una realidad— a causa de una violencia tan desbocada e irracional, como tolerada y protegida, que cercenó la vida de 15 estudiantes en una fiesta en Ciudad Juárez.

Si algo repugna y ofende es que el presidente Felipe Calderón haya criminalizado y vuelto a dañar a las víctimas diciendo que la matanza se debió a un "pleito entre pandillas". La rectificación posterior y sus visitas a Juárez no lograron cerrar las heridas, sobre todo porque se excluyó de las mesas de diálogo y de la puesta en marcha de una "nueva estrategia" —que ahora se dice social, de educación, salud, combate a las adicciones— a los familiares de los muertos.

Si algo indigna a los mexicanos es observar cómo el gobierno se coloca al nivel de la vesania y agresividad de los criminales. Después de acribillar al *Barbas* o *Jefe de Jefes*, Arturo Beltrán Leyva, en los condominios Altitude de Cuernavaca, se ordenó un montaje para exhibir la imagen de su cadáver ultrajado, manipulado, cubierto de billetes y alhajas, sin percatarse de que allí mismo aparece la razón corrupta de ser del poderío del traficante ejecutado: la charola o huevo de comandante de policía que utilizaba el capo.

En la guerra contra el narcotráfico hay mucho de mediático. Quizás por eso, desde los más altos niveles del gobierno, se admite que uno de los propósitos de esta lucha es cambiar la percepción de la ciudadanía: se desea hacer ver a los mexicanos que finalmente hay alguien que hace algo por garantizar la seguridad pública. Otro de los propósitos declarados por el gobierno es la "recuperación de los territorios" en donde se habrían atrincherado las organizaciones criminales. Sin embargo, la percepción de los mexicanos no ha hecho sino empeorar y el Estado está perdiendo su "guerra". En vez de recuperar la geografía dominada por el narco, se multiplican las porciones de tierra donde se extorsiona, se cobra protección, se secuestra, asesina y trafica, con o sin la anuencia de las autoridades municipales, estatales y federales. Hay una enorme capacidad corruptora de los traficantes y secuestradores.

Por su parte, las organizaciones criminales responden de igual forma a la guerra mediática. Lo hacen con narcomantas, con cartulinas pegadas a los cuerpos de sus víctimas, con mensajes de internet en Twitter, con crímenes cada día más violentos para que acaparen espacios en prensa, radio y televisión. Así los medios explotan el morbo y exaltan los crímenes más escandalosos: cabezas cercenadas, cuerpos disueltos en ácido, matanzas colectivas, algunas con torturas previas y tiros de gracia, cadáveres descuartizados, todo para beneficiarse de esa galería de horrores.

Cuando cayó abatido Arturo Beltrán Leyva en diciembre de 2009, la pregunta era: ¿qué sigue? La respuesta decepcionó: más de lo mismo en la realidad y sólo un cambio epidérmico en el discurso. Esta guerra ha dejado más de 16 mil 300 ejecuciones en tres años, pero también miles más de mexicanos desaparecidos por la delincuencia organizada, por bandas de secuestradores, por grupos paramilitares incontrolados y por las distintas corporaciones de la fuerza pública. Además, hoy resulta que la delincuencia ofrece a los jóvenes la oportunidad de una revancha social, como lo admitió un alto funcionario de la Policía Federal: el crimen da a sus seguidores "un sentido de identidad y dignidad que no les da el gobierno".

De esto y más habla este libro: del surgimiento de los Beltrán y de por qué rompieron con el cártel de Sinaloa, del brillo efímero de su organización durante cinco años y de la muerte o cárcel que los borró del mapa, con lo cual se fortaleció Joaquín *el Chapo* Guzmán, a quien ellos pretendían aniquilar.

En estas páginas se describen las redes internacionales y nacionales de los traficantes mexicanos, así como la nula coordinación de las autoridades que combaten al narco. Asimismo se confirman las redes de complicidad que en 2001 propiciaron la fuga de Joaquín Guzmán Loera del penal de Puente Grande. Todo para que años después *el Chapo* terminara convertido en el más buscado, el nunca encontrado, el inasible e intocable jefe del "cártel incómodo" de dos sexenios panistas.

Dentro del compendio de horrores, se documenta aquí la incapacidad de los mandos de las policías federales para proteger a sus propios elementos, siete de los cuales "desaparecieron" desde noviembre de 2009 sin que aún se conozca su paradero; la represión laboral y el castigo salarial contra agentes a quienes se denomina "policías de primer mundo". Se consignan también los pactos entre gobiernos, políticos, empresarios y barones de la droga que han configurado el mapa de la narcopolítica *a la* mexicana.

Puesto que estamos en tiempos electorales, hay razón más que suficiente para sospechar que, frente a esta descomposición social acelerada, los políticos cuidan solamente sus intereses inmediatos, los de coyuntura, y no el futuro de un país que se les está deshaciendo entre las manos.

Una historia de narco y traición

Alfredo Jiménez Mota tenía 26 años cuando fue secuestrado. Antes de ser "levantado", como se dice en el argot que él mismo utilizaba, el joven periodista había publicado en *El Imparcial* de Hermosillo, en enero de 2005, varios textos en los que daba a conocer las actividades de los hermanos Beltrán Leyva, a quienes entonces bautizó como *Los Tres Caballeros*.

Cinco años después de su secuestro, Alfredo seguía sin aparecer. Los testimonios que hoy lo dan por muerto, de los cuales se hablará en este libro, acusan del crimen a quienes él denunciara como los máximos operadores del tráfico de droga en el norte de Sonora, desde Navojoa hasta Agua Prieta y cruzando la frontera con Estados Unidos por San Luis Río Colorado.

Congruente con la violencia que hoy asuela México y que no parece acercarse a su fin, el hombre que levantó, interrogó, torturó y ordenó ejecutar a Jiménez Mota fue Raúl Enríquez Parra, mejor conocido como *El Nueve*, quien tiempo después sería también levantado, torturado, ejecutado a garrotazos y lanzado desde una avioneta, junto con los cuerpos de otros tres jefes narcotraficantes: Rosario Parra Valenzuela, Alfonso García Fernández y Héctor Alonso Ahumada Martínez, en la comunidad de Masiaca, Navojoa, el 22 de octubre de 2005. Este acto fue una ominosa advertencia del cártel de Sinaloa, hoy conocido como *La Federación* o cártel del Pacífico, para que cesaran las traiciones y se pusiera fin a la violencia que varios de sus integrantes en Sonora habían desatado por iniciativa propia y que ya sólo obedecían a Alfredo Beltrán Leyva, *el Mochomo*.

En esta historia subyace una trama de impunidad, corrupción y nexos entre policías, militares, jueces, directores y custodios de diversas cárceles con narcotraficantes; nexos criminales que se han perpetuado durante décadas y que, pese a las ejecuciones, los arrestos de capos, sicarios y narcomenudistas, no han hecho sino recrudecer el clima de violencia, inseguridad y desgobierno. Cuando Felipe Calderón cumplió tres años en la Presidencia, la cifra de ejecutados alcanzó más de 16 mil 300 (10 por ciento eran policías o militares).

A lo largo y ancho de la nación mexicana se ha extendido, como cáncer corrosivo e invasor, la criminalidad asociada con una violencia que no respeta ya a ciudadanos inocentes; la época del "se matan entre ellos" ha acabado. Hoy dos tercios de los estados de la República sufren las consecuencias de la inseguridad, pese a que se han involucrado 50 mil soldados, cinco mil marinos, 30 mil policías federales y miles de agentes estatales y municipales en esta tercamente llamada "guerra contra el narcotráfico y la delincuencia organizada".

Ante este panorama tan desolador como inabarcable, vale la pena desentrañar las razones, las causas y las consecuencias de la tragedia que nuestro país está viviendo, tomando una de las partes del rompecabezas. Así, en estas páginas nos concentraremos en un segmento del tejido social dañado, aquél que ha rodeado la existencia de los hermanos Beltrán Leyva, quienes de cómplices y socios se convirtieron en irreconciliables enemigos de Joaquín *el Chapo* Guzmán, Ismael *el Mayo* Zambada, Juan José Esparragoza Moreno *el Azul* e Ignacio *el Nacho* Coronel.

EN SUS REPORTAJES, Alfredo Jiménez Mota dejó visibles a los hermanos Beltrán Leyva y acusó a su tocayo Alfredo, *el Mochomo*, de ser el jefe operativo de la banda *Los Números*, también llamada *Los Güeritos*. Tres años después, en enero de 2008, *el Mochomo* fue capturado por el Ejército en su casa de Culiacán.

Tras la detención, los medios de comunicación, así como diversas autoridades mexicanas, enrarecieron el clima soltando el rumor de que *el Chapo* Guzmán había otorgado los datos definitivos para la captura de Alfredo Beltrán. Los hombres al servicio de los Beltrán Leyva interpretaron este golpe como una clara traición. Muchos ubican aquí el detonante definitivo que marcó el inicio de la lucha encarnizada por el imperio del cártel de Sinaloa. No importó siquiera que *el Mochomo* y *el Chapo* tuvieran lazos familiares:[1]

---

[1] *El Mochomo* se casó en segundas nupcias con Patricia Guzmán Núñez, hija de don Ernesto Guzmán Hidalgo, medio hermano de Emilio Guzmán Bustillos, el padre de Joaquín *el Chapo* Guzmán.

el negocio, la hegemonía y el control de los territorios y las plazas se había vuelto lo único importante, máxime cuando desde el gobierno la voz de guerra contra la organización de los Beltrán Leyva ya sonaba.

Los tiempos en los que del parentesco emanaba un respeto incuestionable, en los que el miembro de una familia era intocable para sus rivales, aun tratándose de los peores enemigos, en México se terminaron hace ya varios lustros. El negocio de la droga ya no respeta. Un desplegado que mandaron publicar trece familias de sinaloenses en 1992 pedía a las autoridades poner freno a las ejecuciones (iban 26) perpetradas por sicarios del *Chapo* Guzmán y *el Güero* Palma. Este llamado de auxilio se dio cuando un comando "levantó" y victimó a nueve personas en Iguala, en septiembre de 1992, todos familiares o conocidos de Miguel Ángel Félix Gallardo (quien estaba entonces y sigue aún en prisión) y entre quienes aparecían sus abogados Federico Livas Vera y Teodoro Ramírez Juárez. Otro ejemplo que puede mencionarse es el de Amado Carrillo, cuando en mayo de 1994, apoyado por militares bajo las órdenes del general Jesús Gutiérrez Rebollo, ejecutó en Culiacán al capo histórico Carmelo Avilés Labra y, el día de su sepelio, secuestró a su hermano José *el Moro* y a otras 11 personas, ninguna de las cuales aparecería jamás viva o muerta.

Volviendo a la captura del *Mochomo*, en enero de 2008, es importante añadir que fue poco después de ésta cuando las autoridades mexicanas liberaron al hijo del *Chapo*, Iván Archibaldo Guzmán, situación que pareció confirmar el cambalache, el toma y daca entre delincuentes y gobierno. Ambos acontecimientos, que en realidad son uno solo, desataron la feroz guerra entre los grupos, según numerosos especialistas consultados, algunos de los cuales aseguran que Arturo Beltrán Leyva, *el Barbas*, mayor de los hermanos, había aceptado darle un escarmiento a Alfredo, pero que al verlo expuesto a la burla pública, entre militares y luego en una prisión de alta seguridad, enloqueció de ira y juró vengar la afrenta, sin medir consecuencias.

En busca de esa venganza, *el Barbas* decidió asociarse con sus peores enemigos: *Los Zetas* (los gatilleros del cártel del Golfo), y con sus viejos conocidos del cártel de Juárez. Tuvo que hacerlo porque sin esos nuevos aliados no reunía la fuerza suficiente para enfrentarse al cártel del Pacífico, que para entonces era el más poderoso del país y al que él mismo había pertenecido y conocía desde sus entrañas.

Apenas dos años después, la suerte de los Beltrán Leyva había cambiado de manera radical. Del bajo perfil que mantuvieron pasaron a una creciente y constante exposición en los medios de comunicación, con lo que esto implica: todo el tiempo se les atribuían crímenes y se les acusaba de gastar cientos de millones de dólares en sobornos a altos mandos de la Procuraduría General de la República (PGR), la Secretaría de Seguridad Pública (SSP) y la Secretaría de la Defensa Nacional (Sedena). Más adelante hablaremos de las Operaciones Limpieza de 2002 y 2008, en las que aparecen las evidencias de estos hechos. Además, recuérdese que el ya fallecido zar antidrogas de México, José Luis Santiago Vasconcelos, les imputó a los Beltrán Leyva dos intentos de asesinato contra su persona.

HOY DOS DE LOS HERMANOS Beltrán están en prisión: Alfredo, *el Mochomo*, que fue ingresado en enero de 2008, y Carlos, que fue encerrado el 30 de diciembre de 2009. Arturo (quien en su acta de nacimiento aparece como Marcos) murió acribillado por elementos de la Armada de México el 16 de diciembre de 2009, en un condominio de lujo en Cuernavaca, Morelos.

La ultrajante exhibición del cadáver de Arturo Beltrán, que fue mostrado por la autoridad como si se tratara de un trofeo de caza, con el pecho y el vientre colmados de billetes, no sólo repugnó y ofendió a la sociedad mexicana, sino que prácticamente anuló el mérito que implicaba la eliminación de uno de los capos más violentos de la época reciente. El obispo de Saltillo, Raúl Vera, denominó al acto como "ejecución de Estado", colocándose el gobierno a la par de los más bajos criminales. Para colmo, si se mira con detenimiento la secuela fotográfica de la carnicería, bajo los billetes colocados por gente al servicio del Estado que pretendía enviar a otros criminales el mensaje de "ni todo el dinero del mundo te salva de morir acribillado como si fueras un animal", se asoma la razón última de la existencia amenazante y el auge del tráfico de drogas y de la criminalidad organizada en México: ahí está, bajo el dinero ensangrentado, la placa, la charola, el huevo que utilizaba Arturo Beltrán Leyva para ser, además de un poderoso narcotraficante, un todopoderoso comandante de las fuerzas policiales, *el Jefe de Jefes* de la corrupción generalizada. No olvidemos que el día en que fue abatido a tiros, Arturo Beltrán iba a reunirse, para compartir el pan y la sal —y algo más—, con el jefe de la XXIV Zona Militar de Morelos, el general Leopoldo Díaz Pérez, con un mayor y con un capitán del

Ejército, según publicó la revista *Proceso*, sin que al día de hoy haya habido algún desmentido oficial.

Esta última información, además de confirmar que desde el gobierno se conocía a la perfección la agenda de Arturo Beltrán, demuestra que existió la posibilidad de llevar a cabo un operativo realmente "quirúrgico", precedido por labores de inteligencia de la Secretaría de Marina, de las que se había excluido al Ejército, a la PGR, a la SSP y, por supuesto, a las igualmente penetradas y corrompidas corporaciones estatales. Sin embargo lo quirúrgico fue mediático, y una operación que debía ser de Estado pareció convertirse en una balacera entre bandas rivales.

¿Fue éste un acto soberano? Todo apunta a que no, a que hubo un acuerdo con Washington, asociado a la ayuda nada desinteresada de la Iniciativa Mérida. Y es que el gobierno de Estados Unidos necesitaba comprobar si en México quedaba algún cuerpo institucional que aún no hubiera sido corrompido. Se necesitaba saber si la Armada era capaz de evitar filtraciones de información, que en tantas ocasiones habían tirado por los suelos los operativos diseñados para capturar a diversos delincuentes. Jorge Camil, en su artículo "Cuernavaca: de la mano de la DEA", publicado en *La Jornada*, concluyó que el operativo en el que murió Arturo Beltrán Leyva fue una escalada más en la guerra contra el crimen organizado, pero se preguntó si era "un cambio radical de estrategia o una nueva aventura que pudiera conducirnos a incrementar la violencia". Y añadió:

Pudo ser consecuencia de la intervención cada vez mayor de la DEA, que ahora tiene presupuesto para realizar labores de inteligencia humana en México y, encuadrándonos en el modelo de Colombia, investiga posibles nexos del narco con la guerrilla mexicana. O pudo ser iniciativa de Felipe Calderón para mostrar avances en una guerra fallida que hoy, merced a la nueva estrategia, pudiera convertirse en un combate sin cuartel.

Al día siguiente del operativo en Cuernavaca, en el periódico *El Financiero* publiqué un texto en el que sugería que con este hecho se inauguraban nuevos parámetros en el combate al narco en nuestro país, los cuales habían sido anunciados 24 horas antes por el secretario de Marina, Mariano Francisco Saynez Mendoza:

> El hecho de que marinos de élite de la Armada mexicana hayan ubicado y eliminado a Arturo Beltrán Leyva, excluyendo explícitamente del operativo en Cuernavaca lo mismo a la Secretaría de la Defensa Nacional que a la Secretaría de Seguridad Pública y a la Procuraduría General de la República, revela un rediseño del combate a la delincuencia organizada en México, en total empatía y con información sensible y recursos de parte del gobierno de Estados Unidos.
>
> El secretario de Marina, ni más ni menos, fue el encargado de anunciar este nuevo esquema que finalmente privilegia labores de inteligencia sobre la reacción coyuntural, la instalación de retenes militares, los cateos indiscriminados y la presencia masiva de tropas y agentes federales en carreteras y calles.
>
> Para quien quiso oírlo con atención el martes 15, en un desayuno de fin de año con la prensa, el almirante Mariano Francisco Saynez Mendoza habló de que infantes de Marina harían operativos "quirúr-

gicos" relevando al Ejército en donde fuera posible, "pues no queremos que haya tantos frentes abiertos".

Fue más explícito:

"Se cambia la táctica, la forma de operar. Donde sea necesario que estemos, tengamos información, la oportunidad de actuar y los medios, lo vamos a hacer."

La Armada ya había realizado operativos exitosos en Nuevo León y en el propio Morelos, donde el viernes 11 los infantes de Marina incursionaron en una residencia de Tepoztlán en la que Ramón Ayala y sus Bravos del Norte, al igual que Los Cadetes de Linares, actuaban para Beltrán Leyva, Edgar *la Barbie* Villarreal y varios de sus cómplices.

Saynez Mendoza no lo dijo, pero encargar a marinos esa operación quirúrgica (con tropas entrenadas que descendieron de helicópteros) fue un ensayo general para probar que se pueden ejecutar capturas y tomas de casas de seguridad sin que se filtren antes los datos a los delincuentes objeto de esas acciones, como ha ocurrido en el pasado.

La información sensible sobre los movimientos de la cúpula del cártel de los hermanos Beltrán Leyva provino del trabajo de inteligencia de la Marina, pero también de datos que aportó Washington.

El mismo día en que Saynez revelaba la sustitución del Ejército en algunos casos, el gobierno de Barack Obama entregaba cinco helicópteros Bell 412 a México. Su enviado para el acto era John Brenan, asesor presidencial en temas de seguridad interna y antiterrorismo, quien perfiló la filosofía del "nuevo trato" bilateral México-EU: "Hemos forjado una nueva relación basada en la responsabilidad, el compromiso y el entendimiento compartido".

En ese contexto dio a conocer que Washington ya ha preparado a por lo menos tres mil policías federales, entre ellos más de 240 mandos medios y altos.

El titular de la Armada anunció que los marinos recibirán en 2010 aviones tipo patrulla marítima para combatir el trasiego de drogas por esa vía. Son CASA CN-235 de fabricación española. Asimismo, como parte de la Iniciativa Mérida, se contará con vehículos, armamento, equipos de visión nocturna, chalecos antibalas y un mejor entrenamiento.

Por las mismas fechas, reporté que Arturo *el Barbas* Beltrán había sido colocado entre los capos del tráfico de drogas más peligrosos del mundo, en la lista negra de los más buscados por Washington. Además el Departamento del Tesoro de Estados Unidos acababa de congelar los fondos de 22 personas y 10 empresas a quienes se imputaban nexos con la organización de los Beltrán Leyva, responsable "de actos de violencia terrible por dinero", según rezaba la información publicada dos semanas antes del "asesinato de Estado".

Más claro ni el agua: un día después de que el gobierno de Estados Unidos entregara al gobierno mexicano cinco helicópteros Bell 412, como parte de la ayuda enmarcada por la Iniciativa Mérida, el operativo contra Beltrán Leyva fue llevado a cabo con aeronaves del mismo tipo. Comenzando 2010 se aplicó la misma receta en La Paz, Baja California, durante la captura —aunque esta vez sin violencia y sin muertos— de Teodoro García Simental, *el Teo* o *el Tres Letras*, quien operaba en la península.

DESDE HACÍA YA VARIOS AÑOS Arturo Beltrán Leyva, conocido como *el Barbas*, *el Botas Blancas* y *el Jefe de Jefes*, vivía en Cuernavaca, Morelos; eso se sabía. Apenas el viernes 11 de diciembre de 2009 había organizado una fiesta en Ahuatepec, en el camino hacia Tepoztlán, en la que las fuerzas federales irrumpieron y capturaron a Ramón Ayala y Los Bravos del Norte y a Los Cadetes de Linares, famosos grupos de música norteña de los que suelen contratar los barones mexicanos de la droga.

Durante la disputa a muerte que se desató tras la ruptura de los Beltrán con el cártel de Sinaloa, los hermanos —ya unidos con *Los Zetas*, el cártel del Golfo y un importante segmento del cártel de Carrillo Fuentes— comenzaron a luchar por hacerse del control de varias de las plazas que pertenecían al *Chapo* y cooptar a sus lugartenientes. Por ejemplo, en Guerrero encabezaron a *Los Pelones* y en Sonora usurparon el mando de *Los Güeritos*.

En esta guerra el tercer frente ha sido el Estado y el cuarto las instituciones corruptas del mismo. En mayo de 2008, Arturo Beltrán ordenó la ejecución del comandante federal Edgar Eusebio Millán, después de que este alto mando de la Policía Federal Preventiva (PFP) persiguiera y enfrentara a un ejército de pistoleros de los Beltrán. Esta última operación inició cuando varias camionetas procedentes de Guerrero intentaron pasar la caseta de Alpuyeca, Morelos, sin identificarse. En la espectacular persecución murieron cuatro sicarios —quienes a su vez liquidaron a seis policías federales— y fueron capturados nueve escoltas del *Barbas* que habían pertenecido a diversos batallones de la XIII Zona Militar en Nayarit. Entre los desertores detenidos estaban Marco Antonio Vargas

Tovar, Mario Ortega Zúñiga, Arturo Huízar Montes, José Odilón Verdín Rodríguez, Óscar Manuel Carrillo Orozco y Juan José Altamirano Delgado. La maniobra dejó en evidencia la protección de la que gozaba Arturo Beltrán por parte de militares retirados y en activo. Además, en aquella ocasión la fuerza pública incautó 10 fusiles de asalto, un lanzagranadas, ocho granadas de mano y de fragmentación, celulares y aparatos de comunicación Matra, idénticos a los que usan las policías.

Durante los meses previos a estos hechos, habían aparecido al menos 10 narcomantas en Sinaloa y Sonora en las que se leían amenazas contra el Ejército, contra la PFP y contra el cártel del *Chapo* Guzmán y *el Mayo* Zambada. Una de éstas decía: "Voy con todo, sépanlo policías, soldados, para que les quede claro: *El Mochomo* sigue pesando. Atte. Arturo Beltrán Leyva".

Año y medio después, los Beltrán perdían la apuesta plasmada en la manta y el reto se les revertía. El Estado parecía multiplicar acciones en su contra, según pudo confirmarse tras la muerte del ex testigo protegido Edgar Bayardo —asesinado a balazos en un café de la colonia Del Valle el último día de noviembre de 2009—, quien ayudaba a la DEA y a los hermanos Zambada con información para la captura de integrantes del nuevo cártel de los Beltrán-Zetas-Golfo.

Los Beltrán Leyva resultaron ser capos efímeros. Faltos de liderazgo, refulgieron menos de un lustro en el firmamento del imaginario popular como traficantes extremadamente violentos. Durante varios años fueron sólo operadores y cuando quisieron ser jefes absolutos su poderío resultó siempre subordinado, espurio, prestado. Lograron acumular riquezas y armamento, según analistas consultados en Sinaloa, a los mismos niveles que *el Chapo* y *el Mayo*, pero nunca consiguieron, como sus viejos jefes, las relaciones nacionales e internacionales necesarias para convertirse en intocables e inalcanzables para el brazo de una ley que se alarga o se retrae según las conveniencias del momento. Debido a sus limitaciones, los Beltrán eran extremadamente violentos. No pintaban en el negocio global, eran un accidente minúsculo, una fisura peligrosa que podía, eso sí, descomponer la maquinaria trasnacional que trafica la droga. Reyes locales, parias internacionales: desechables.

Hubo sólo un episodio que pudo cambiar la suerte de los Beltrán. Se trata de la historia que varios ex agentes de la AFI narraron por escrito a diputados de la LX Legislatura a finales de 2008. Los testimonios aseguran que Arturo Beltrán y sus hombres sometieron a la escolta del secretario de Seguridad Pública, Genaro García Luna, desarmándola e imponiendo un encuentro entre el capo y el funcionario. La reunión y su escenografía fueron ventiladas en el Congreso, pero no se investigó más. El texto-denuncia, sin embargo, aporta los números de serie de todas las armas de cargo de los guardaespaldas retenidos por los traficantes; enlistaban a un total de 86 agentes-escoltas que protegían a García Luna.

Hasta aquí la descripción sintetizada de lo que podría adivinarse después de la sanguinaria liquidación del capo de un cártel naciente, de un grupo criminal que fue herido de muerte el 16 de diciembre de 2009. Antes de continuar, hay que admitir que ninguna historia —y menos las relacionadas con la peor delincuencia a la que México se ha enfrentado en décadas— es tan lineal como se pinta en la versión oficial ni como la simplifican muchos medios.

En las siguientes páginas intentaremos aportar una explicación sustentada en documentos oficiales y hemerográficos, apoyada en largas conversaciones con protagonistas y testigos cercanos al fenómeno del tráfico de drogas, que vaya más a fondo. Por la naturaleza de las fuentes, estará salpicada de anécdotas de la vida real sobre cómo surgen, se mantienen, hacen alianzas, rompen súbitamente y se ejecutan entre sí, líderes y sicarios; cómo grupos antagónicos se arrebatan territorios o intentan dominar las rutas del trasiego de sustancias ilícitas. Asimismo quedará en evidencia cómo lo que más importa ni siquiera es investigado, pues miles de millones de dólares fluyen hacia destinos inciertos: el restaurante donde comes, el hotel en que te hospedas, los alimentos y bebidas que ingieres, los vehículos y las aeronaves en que viajas. En México, poco a poco todos los aspectos de la vida han sido invadidos por dinero cuyo origen es ilícito, aunque se haya legalizado a través de bancos, casas de cambio, cajas de ahorro, inversiones inmobiliarias u obras de infraestructura, incluso en comunidades indígenas y templos religiosos, como se verá más adelante.

La ruptura largamente anunciada

A finales de la década de 1990, la actuación de los Beltrán Leyva era tan discreta que sus apellidos ni siquiera son mencionados en las miles de páginas de la investigación del llamado "Maxiproceso" de Cancún,[1] cuyo protagonista central fue Amado Carrillo Fuentes, *el Señor de los Cielos*. Los hermanos Beltrán Leyva tampoco aparecen, por ejemplo, en las averiguaciones que durante más de tres lustros ha llevado a cabo la autoridad, con entrevistas a cientos de sospechosos, pistoleros y testigos de la balacera del aeropuerto de Guadalajara, Jalisco, el 24 de mayo de 1993, en la que murieron acribillados el cardenal Juan Jesús Posadas Ocampo y otras seis personas.

---

[1] A consecuencia de esta voluminosa averiguación, el ex gobernador Mario Villanueva Madrid está preso y a punto de ser enviado a Estados Unidos, mientras que varios capos han sido encarcelados, extraditados o eliminados. Villanueva sabe que todo está listo para su entrega al gobierno de Washington, ante lo que ha declarado: "Soy como una medalla que se quieren colgar".

Los dos ejemplos mencionados dejan patente que no fue hasta el segundo lustro del siglo XXI cuando los Beltrán empezaron a ser importantes, aunque desde hacía más de una década se presume que ya trabajaban para Joaquín *el Chapo* Guzmán y Héctor *el Güero* Palma, los dos grandes capos que sostenían una guerra sin tregua ni cuartel contra los hermanos Arellano Félix, del cártel de Tijuana —razón del enfrentamiento en Guadalajara—, quienes más tarde serían aprehendidos y encarcelados. Así pues, la historia de los hermanos Beltrán Leyva estuvo atada desde su origen a la de su primer y máximo jefe: Joaquín Guzmán, el intocable capo de dos sexenios panistas.

EL CHAPO GUZMÁN fue entregado a México por el Ejército guatemalteco, que lo capturó en junio de 1993, apenas un mes después de la balacera del aeropuerto de Guadalajara, pese a que éste pagó un soborno de un millón de dólares para ser protegido en el vecino país del sur, al que había viajado con el pasaporte y el nombre falso de Jorge Ramos Pérez (consiguió un documento para sí mismo y otro para su chofer, el ex militar Antonio Mendoza Cruz, pagando seis millones de pesos viejos). Para entonces, el Sistema Hemisférico de Información aportaba datos certeros de que el capo se movía en la frontera sur.

La entrega del *Chapo* se vio como una más de las traiciones entre la delincuencia y la fuerza pública. Pero a diferencia de otros señores de la droga, Joaquín Guzmán no se dio nunca por vencido y dos años después de su captura logró, con paciencia infinita —de la que ha dado muestras sobradas—, corromper a las autoridades carcelarias de Almoloya (donde había sido presentado a los medios con uniforme beige, chamarra y una gorra en diferentes fotos que se repiten *ad nauseam*) para que lo transfirieran, el 20 de noviembre de 1995 (día festivo), de esta prisión de alta seguridad a la de también supuesta alta seguridad de Puente Grande, donde habría de reencontrarse con su compadre el *Güero* Palma. La salida de Almoloya del *Chapo*, en términos prácticos, se trató de una "fuga técnica" aceitada con dinero, y el preámbulo de su escape final.

Cuando Vicente Fox Quesada cumplía apenas 50 días en Los Pinos, el 19 de enero de 2001, *el Chapo* se fugó del penal de "Puerta Grande" (así nombrado por la población y por diversos medios desde ese día) en un acto que sólo pudo suceder con la complicidad de diversas autoridades federales y locales, de los custodios del penal y hasta de los visitadores de la Comisión Nacional de Derechos Humanos (CNDH).

Por supuesto, su fuga no fue una sorpresa. Cuando menos no lo fue para Miguel Ángel Yunes, encargado de todas las cárceles del país, quien recibió documentos y denuncias verbales acerca de que en Puente Grande, *el Chapo* Guzmán, *el Güero* Palma y Arturo *el Texas* Martínez Herrera, por ejemplo, recibían visitas de mujeres que llegaban de la calle, así como de otras que estaban encarceladas allí mismo, como Zulema Ramírez (quien se convirtió a la postre en amante del *Chapo* y cuyo cuerpo torturado fue encontrado muchos años después). Allí, los capos gozaban de un singular sexoservicio que les prestaban las empleadas de cocina, trabajo social o enfermería del propio penal, así como de mujeres traídas desde fuera. También podían, si les daba la gana, degustar platillos exquisitos, licores, drogas, usar Viagra o cualquier otra cosa que solicitaran pues entregaban, al menos, 26 mil dólares mensuales al comandante Dámaso López Núñez,[2] quien organizaba las compras necesarias y se encargaba de las dádivas a los custodios.

Era poco el tiempo que hacía falta para que en lugar de ingresar artículos de manera ilegal al penal el privilegiado capo saliera del mismo. Llegó así la impecable fuga de Guzmán Loera, al que se le fueron abriendo una tras otra las puertas que lo separaban de la libertad, tras la cual Fox tuvo que reconocer, en su estilo campechano y chabacano, que le habían "metido un gol" a su gobierno. A manera de consolación, la autoridad federal arrestó y arraigó a más de 70 empleados y mandos carcelarios, incluyendo al director del penal, Leonardo Beltrán Santana. A Dámaso López Núñez no se le pudo siquiera enjuiciar porque había renunciado, cómodamente, algunas semanas antes de la bien planeada fuga y porque hoy está al lado mismo del dizque más buscado y nunca recapturado capo sinaloense, ante quien goza de la misma confianza que sus ya legendarios jefes de sicarios y guardaespaldas Francisco Machado *el Barbarino* y Manuel Alejandro *el Bravo* Aponte Gómez, un ex militar de élite que se graduó con honores en el año de 1993.[3]

[2] Dámaso López Núñez, de nacimiento sinaloense, fue colocado en su puesto por el mismísimo *Chapo* Guzmán y una vez instalado se llevó a trabajar consigo a más sinaloenses, quienes terminarían por ocupar todos los puestos claves del sistema de vigilancia de "Puerta Grande".

[3] Estos jefes violentos de altísima y reconocida jerarquía, estos hombres de confianza de los grandes capos, son a quienes los narcocorridos vuelven leyenda. Son los casos, por ejemplo, de Edgar Valdez Villarreal *la Barbie*, incondicional

DESDE LA FUGA de Joaquín *el Chapo* Guzmán han pasado más de nueve años en los que no ha habido siquiera un atisbo que indique que se está cerca de su recaptura. En cambio, entre la aparición mediática de los Beltrán Leyva y el asesinato del *Barbas* sólo transcurrió un lustro. Pocos años de operar como traficantes de drogas y violentos asesinos les fueron permitidos a tres de los Beltrán Leyva, quienes ya están fuera de circulación, sea por la muerte o por la cárcel. Pero aún quedan otros miembros del clan. Volvamos a esta familia.

Hijos de don Carlos Beltrán Araujo (aunque el viejo se supone retirado de toda actividad ilícita, es también buscado por todo el país) y de la ya finada Ramona Leyva, el mayor de los hermanos fue Arturo, nacido el 5 de febrero de 1958 en La Palma, Badiraguato, Sinaloa, aunque con nombre de pila Marcos, de acuerdo con los documentos del registro civil y tal como comprobó el semanario *Ríodoce*, de Culiacán. En todo caso, se trata de Marcos Arturo, a quien siguen en la lista, otra vez según documentos del registro civil, los demás Beltrán: Armida (1959), Mario (1960), Carlos (1962), Amberto (1966), Alfredo (1971) y Gloria (1972), esta última casada con Juan José Esparragoza Monzón, hijo de Juan José *el Azul* Esparragoza Moreno. De Héctor, *el H*, a quien insistentemente se menciona como el más probable sucesor de Arturo a la cabeza del cártel familiar, no aparecen huellas en el registro civil. Alguna de estas dos opciones pueden ser las causantes: o fue registrado en otro lugar del país o es alguno de

---

de Arturo Beltrán Leyva, o de Gustavo *el Macho Prieto* Inzunza, cercanísimo a Ismael *el Mayo* Zambada.

los mencionados como Mario o Alberto y su identidad no es la oficialmente conocida.

Don Héctor Beltrán Leyva es descrito, por quienes han tratado con él, como un caballero elegante, de finas maneras, preparado y dialogante, muy diferente a su violento hermano Arturo y al igualmente arrebatado, indócil y desalmado Alfredo. Por su parte, Carlos (también nombrado Carlos Alberto), aseguró tener 40 años al ser arrestado pacíficamente el pasado fin de año, en una acción en la que la fuerza pública ni siquiera debió disparar un solo tiro. Hoy Carlos está detenido a pesar de que no se le conocen antecedentes de traficante ni tenía expediente abierto en Sinaloa, según declaró la procuraduría estatal oficialmente. Su edad, sin embargo, no corresponde con la que aparece en los registros (debería tener 47 años), lo que podría indicar, junto con el cambio y confusión de nombres, que los Beltrán empleaban edades, apelativos y nombres de pila intercambiables. Mario, a quien la PGR atribuye el sobrenombre de *El General*, también se haría llamar, por ejemplo, Mario Alberto.

Entre todo este lío de nombres, edades y personas, lo que la autoridad atina a saber es que la familia Beltrán Leyva estaba formada por nueve hermanos: seis hombres y tres mujeres, una de las cuales, Laura, era la esposa de Arturo *el Pollo* Guzmán Loera, hermano del *Chapo*. El 31 de diciembre de 2004, Arturo Guzmán fue asesinado en la prisión de "alta seguridad" de Almoloya, hoy llamada La Palma. Éste es otro caso inexplicable: ¿por qué el recluso José Ramírez Villanueva tenía un arma de uso exclusivo del Ejército dentro de ese penal, con la cual liquidó al *Pollo* mientras éste acudía al locutorio 22 para entrevistarse con su abogado?

Y AQUÍ VOLVEMOS AL PRINCIPIO de este libro. En el reportaje que Alfredo Jiménez Mota publicara el 17 de enero de 2005, que hoy puede calificarse, sin exageración, como histórico, se aludía a un expediente de la Secretaría de Gobernación (Segob) para consignar como *Los Tres Caballeros* a José Alfredo, Mario Arturo y/o Alberto y Carlos Beltrán Leyva, todos nacidos en Sinaloa pero operando en Navojoa, Sonora:

> Los barones de la droga pocas veces se meten directamente en la operatividad de estas estructuras (las que conducen a la frontera entre Sonora y Arizona). Para ello cuentan con otras redes locales dirigidas por capos menores, pero igualmente o más peligrosos que los grandes señores.

Como barones de la droga, Jiménez Mota citaba específicamente a Ismael *el Mayo* Zambada García y a Joaquín *el Chapo* Guzmán, a Vicente Carrillo Fuentes y a los hermanos Caro Quintero: "Los capos que tienen el control del corredor Sonora-Arizona". Como cabecillas menores, el periodista se refería a los Beltrán Leyva y a sus socios los Enríquez.

La denuncia de hace cinco años que le costó a Jiménez Mota desaparecer y, muy probablemente, ser asesinado, dio en más de una ocasión con el blanco:

1. Publicó que *el Mochomo* era el encargado de captar y cooptar personas en las diferentes corporaciones policiacas "con la finalidad de proporcionar seguridad a la organización delictiva que integra".

2. Aseguró que Raúl Enríquez Parra (a quien apodó *el Siete*, cuando en verdad era *el Nueve*) era compadre del *Mochomo*.

3. Dijo que ambos habían tomado el control de la banda criminal *Los Números* o *Los Güeritos*, involucrada en por lo menos 70 ejecuciones violentas en Sonora durante 2004, y empeñada en disputar y arrebatarle el territorio al líder histórico del lugar, don Adán Salazar Zamorano.

4. Citaba que por entonces estaban operando con don Adán Salazar tanto Sandra Ávila Beltrán *la Reina del Pacífico*, como su esposo, el colombiano Juan Diego Espinoza Ramírez *el Tigre*, quienes fueron capturados en la ciudad de México más de tres años después, el 28 de septiembre de 2007.[4]

5. Daba a conocer la ubicación de dos pistas de aterrizaje de la organización criminal en el Valle del Yaqui y de una más en el poblado de Hornos, también acusaba la propiedad de una avioneta Cessna, modelo TU 206 G serie 6573, y mencionaba a otros integrantes de la banda: Jesús Enríquez Salazar Villa y Salomón Benítez *el Licenciado*.

---

[4] Sandra Ávila estuvo casada con el comandante Rodolfo López Amavisca, quien fue asesinado mientras se reponía de una operación en un hospital de Hermosillo, hace 10 años. El hijo de Rodolfo fue aprehendido en mayo de 2009. También se llama Rodolfo, pero se apellida López Ibarra, y lo apodan *el Nito* o *el Comandante* porque su padre tenía ese puesto en el desaparecido Instituto Nacional de Combate a las Drogas (INCD). *El Nito* era el encargado de la plaza de Monterrey por el grupo de los Beltrán Leyva, cargo al que ascendió cuando fue arrestado Héctor Huerta Ríos *la Burra*, el 24 de marzo de 2009. La policía capturó al joven López Ibarra cuando regresaba de Acapulco, junto con su hermana María de Jesús y otros 11 presuntos traficantes. Habían estado en el puerto en un bautizo organizado por Arturo Beltrán Leyva.

6. Aportaba datos recientes: el 22 de noviembre de 2004, en la región de San Bernardo, al pie de la sierra, "el Ejército le propinó el mayor golpe a la banda de *Los Números* al asegurar siete toneladas de mariguana" y poco antes dos avionetas.

7. Informaba también que tras la muerte del *Chipilón* Rodolfo García Gaxiola —un ex comandante judicial que trabajara para los Arellano Félix y fuera investigado por el caso Colosio—, se apoderaron de la ruta *el Chapo* Guzmán y *el Mayo* Zambada.

Lo único que Alfredo Jiménez Mota no alcanzó a describir —porque lo omitía el informe, el cual contenía datos de la Segob, la PGR, la Sedena y la DEA y que reproducimos íntegro al final del libro— es que don Adán Salazar Zamorano seguía siendo fiel aliado del *Chapo* y *el Mayo* mientras era combatido agresivamente por los Beltrán Leyva; ésta era una contradicción que se presentaba como insalvable. Los capos del Pacífico debieron instar a Ismael *el Mayo* Zambada a imponer su autoridad sobre los Beltrán y llamar al orden sobre todo al *Mochomo*, a quien quería como un hijo o un hermano menor y por ello tenía gran ascendiente sobre él.

Así pues, todo parece indicar que Alfredo Beltrán Leyva fue llamado a cuentas, pero como quien oye llover y no se moja, *el Mochomo* continuó con su empeño por apoderarse de la ruta, bloqueando las cercanías y los accesos a los túneles naturales y fabricados que corren de Nogales, Sonora, hacia Nogales, Arizona.

El socio y operador directo del cártel de Sinaloa, Adán Salazar, estaba siendo atacado por otros miembros insubordinados del

35

propio cártel,[5] y la pugna amenazaba con colapsar por parálisis el flujo de la droga de México hacia Estados Unidos por los rumbos de Sásabe, Navojoa, las sierras de Álamos y San Bernardo, al igual que otros de esos caminos como Agua Prieta y Naco. Era urgente poner un remedio drástico.

Como la llamada a cuentas no había resultado, era necesario castigar y quitar del camino al *Mochomo*, quien para entonces, fuera ya de todo control, había terminado por taponar el tráfico del cártel de Sinaloa, sin aceptar que ni él ni sus cómplices eran los dueños. Pero los jefes del cártel sabían que no lo podían matar, porque hacerlo "desataría una guerra interminable", cuando menos eso concluyeron los barones de más peso. Y es que aún estaba fresco el antecedente de la ejecución de Rodolfo Carrillo Fuentes, hermano menor del *Señor de los Cielos*, quien fuera acribillado, junto con su esposa y media docena más de transeúntes, a tan sólo unos pasos del entonces gobernador de Sinaloa, Juan S. Millán, el 11 de septiembre de 2004. Aunque en aquella ocasión se intentó culpar a *Los Zetas*, la maniobra distractiva no funcionó pues junto al gobernante, que se encontraba en una plaza comercial con mul-

---

[5] Hacia 2005 y 2006 ya eran cientos, quizá miles, los traficantes reclutados y formados por Adán Salazar a los que les ganó la ambición. Adiestrados en el trasiego de las cargas, conocedores de las rutas y de los puntos de cruce y relacionados con los compradores de Arizona, les resultaba fácil declarar la guerra a su jefe, más cuando eran alentados por los Beltrán Leyva y acicateados por la idea de hacer el negocio por su cuenta, sin tener que rendir pleitesía ni pedir permiso al viejo Adán. Esta tránsfuga de traficantes fue un goteo incesante, una labor de hormiga, precisamente eso significa "Mochomo": una hormiga de las prietas, no de las rojas.

ticinemas en la ciudad de Culiacán, Sinaloa, había una multitud de policías y guardaespaldas y fue inevitable descubrir que los sicarios —comandados por el desertor del Ejército Manuel Alejandro Aponte Gómez—[6] pertenecían al grupo del *Chapo*.

Se hacía imposible asesinar al *Mochomo* por sus lazos familiares con *el Chapo* y por la querencia que le dispensaba *el Mayo*. El acuerdo para hacerlo a un lado consistía en entregarlo a las autoridades, no en ejecutarlo. Por supuesto, eso también implicaba un problema pues no era fácil saber ante quién había que denunciarlo, si se piensa que por aquellos tiempos la casa del *Mochomo* en Culiacán, Sinaloa, era resguardada en todo momento por una, dos y hasta tres patrullas de la policía estatal, federal o municipal.

Antes de llevar a cabo su plan, los barones del Pacífico intentaron hacer entrar en razón a Alfredo Beltrán, enviándole diversos mensajes, algunos más drásticos que otros. El más macabro tuvo lugar el 22 de noviembre de 2005, cuando una avioneta que sobrevolaba dos ranchos de Masiaca, en el municipio de Navojoa, Sonora, arrojó los cadáveres de cuatro de los operadores más importantes de *Los Números*, comandados entonces por *el Mochomo*.

[6] Aponte Gómez es el mismo hombre que creó el grupo *Halcones*, preparado para avisar de cualquier peligro y enfrentarlo con armas de alto calibre. En su momento, adiestró a sicarios en el uso de bazucas, morteros, lanzagranadas y armas sofisticadas de infantería para combatir a *Los Zetas* y a las fuerzas oficiales en igualdad o superioridad de condiciones. En este grupo hay soldados y ex militares, agentes en activo y ex policías que de esta forma trabajan para el cártel de Sinaloa, lo mismo que otros lo hacen para el del Golfo, con los Arellano, *La Familia* michoacana, el cártel de los Carrillo Fuentes o con cualquier otro grupo criminal.

Secuestrados en diversos puntos del norte de Sonora, Raúl Enríquez Parra, Rosario Parra Valenzuela, Alfonso García Fernández y Héctor Alonso Ahumada Martínez habían sido molidos a garrotazos y en la cabeza presentaban el tiro de gracia. El mensaje era inequívoco: había que parar la ola de violencia que estaba entorpeciendo el tráfico, destaponar la frontera y obedecer las órdenes del alto mando. El negocio más lucrativo del mundo no podía ser torpedeado por miembros del propio cártel, esto era inadmisible.

Sin embargo, *el Chapo* Guzmán y sus socios nunca esperaron una reacción tan virulenta por parte de los Beltrán Leyva; tampoco imaginaron el tamaño de la estructura criminal que había crecido en torno a los hermanos. Y es que los Beltrán no estaban solos y conocían perfectamente los diversos eslabones de la cadena: habían logrado negociar con compradores, sobornar a las diversas autoridades, y establecer contactos tanto con cárteles colombianos como con muchas otras fuentes de abastecimiento en Bolivia, Perú y Ecuador. Los Beltrán habían sido los encargados de proseguir, e incluso de hacer aún más próspero, el tráfico de drogas hacia Estados Unidos, mientras su jefe estaba preso.

DE ESAS GANANCIAS que los Beltrán generaban se beneficiaban en prisión *el Chapo* y *el Güero*, quienes podían seguir comprando voluntades y vivir a sus anchas gracias al poderío económico que mantenían y que llegó a implicar remodelaciones en las celdas de alta seguridad para dar más comodidad a estos capos. Se trataba de algo menos espectacular pero semejante a lo que en su momento hizo Pablo Escobar en Colombia, cuando se entregó a las autoridades en la década de 1990, bajo la condición de no ser extraditado a Estados Unidos, y se hizo encerrar en una cárcel que él mismo había construido: La Catedral, de donde fácilmente pudo escapar cuando así lo decidió.

Este asunto de construcción y remodelación de prisiones en las que abundan las sospechas de corruptelas y arreglos indecorosos hizo sonar de nuevo sus campanas en nuestro país a principios de 2010, cuando el diario *Milenio*, en su nota principal del 11 de enero, describió cómo el sobrino de Amado y Vicente Carrillo Fuentes sería el encargado de la ampliación de la cárcel estatal en Cancún. Luis Carlos Carrillo Cano, aseguraba la nota, junto con sus hermanos Ricardo y Alfredo, habían sido ligados "a delitos como lavado de dinero, extorsión, secuestro y homicidio".

Aunque maneja un bajo perfil, Carrillo Cano tiene 47 propiedades en Cancún. Su empresa Urbanizadora Continental quedó en quinto sitio tras la convocatoria que lanzó la Secretaría de Infraestructura y Transporte de Quintana Roo. Extrañamente, el concurso se declaró desierto y entonces fue favorecida SAFEI, otra empresa de los Carrillo que se encargará de la obra carcelaria, urgente desde que hubo un motín allí, tras el asesinato del general Mauro Enrique Tello Quiñones. El tío del constructor es el líder del cártel de Juárez y uno de los más férreos enemigos de *Los Zetas*, que abundan en esta prisión. Uno de los dos funcionarios que autorizó la ampliación, a reserva de construir después un penal de alta seguridad en el poblado Leona Vicario, fue el secretario de Seguridad Pública, Salvador Rocha Vargas, quien fue encarcelado en Nayarit, en 2009, por presuntas ligas criminales y por prestar protección a los Beltrán Leyva y a *Los Zetas*.

SIN DUDA, el *Chapo* hizo un mal cálculo sobre los Beltrán, quienes durante más de una década le habían guardado fidelidad absoluta: Arturo, Alfredo, Héctor, Amberto y Mario Beltrán Leyva eran los encargados de las plazas de Guerrero, Michoacán, Morelos y Sonora. Pero luego llegó el golpe de la ambición y la salida de control del *Mochomo*, que llevó al cártel de Sinaloa, como ya dijimos, a decidirse por el castigo. Sin embargo, el verdadero enfrentamiento no llegó hasta que Arturo decidió romper tajantemente y combatir a los demás sinaloenses formando su propia organización, con alianzas *contra natura*, si es que así pueden denominarse los acuerdos coyunturales sucedidos entre enemigos —*Los Zetas* de Tamaulipas con el cártel del Golfo, porciones de los hombres de Carrillo Fuentes en Chihuahua y Ciudad Juárez con *Los Números* de Sonora— a los que une la sed de venganza y el hambre de crecimiento y quienes basan su colaboración en la capacidad de trasiego y el poderío de fuego.

En el periodo en el que se incubó la ruptura del cártel del Pacífico con los hermanos Beltrán Leyva, éstos habían acumulado una fortuna que no estaba lejos de la que poseía entonces *el Chapo* Guzmán o de la de Ismael *el Mayo* Zambada, dueño de varias empresas y de no menos terrenos, algunos de los cuales son los mismos en los que pronto se edificarán los más espectaculares desarrollos turísticos de Sinaloa. Y es que el despegue hotelero, el *boom* inmobiliario, restaurantero y de servicios que se avecina en el estado norteño no significará, como algunos creen, el cese de la violencia en el estado. Por el contrario, 2010 comenzó y seguirá marcado por la criminalidad desatada, prolegómeno de la cual fue la ejecución a balazos de Antonio Ibarra Salgado, secretario de Turismo sinaloense, el 22 de diciembre de 2009, justo una semana después del asesinato de Arturo Beltrán; Ibarra, liquidado tras desayunar en un restaurante junto con su chofer y guardaespaldas, Encarnación García Valdez, era titular de una secretaría que no existía antes del gobierno de Jesús Aguilar Padilla y que parecía haber sido creada para él, que sería el operador de las inversiones multimillonarias para lavar dinero a manos llenas.

¿Hacia el cártel hegemónico?

Hay indicios y datos duros, análisis y declaraciones públicas de que el gobierno mexicano ataca de manera selectiva a las organizaciones del tráfico de drogas. Desde hace poco más de nueve años la sabiduría popular le endilgó al *Chapo* Guzmán Loera el mote adicional del *Capo del Sexenio*.

Desde 2006 el rango de Guzmán Loera se elevó al de traficante consentido transexenal, el *dizque* más buscado, al que *dizque* ya merito agarran, el *dizque* perseguido todo el tiempo, el que *dizque* anda "a salto de mata". Pero la realidad es otra: *el Chapo* es el "intocable" del panismo. Y junto con él, también se han convertido en inalcanzables para el brazo de la justicia sus socios principales: Ismael *el Mayo* Zambada, Juan José *el Azul* Esparragoza, Ignacio *el Nacho* Coronel y el menos expuesto de todos, Adán Salazar Zamorano.

En Sinaloa cuentan que unos días antes de que el archienemigo del cártel del Pacífico, Arturo Beltrán Leyva, fuera liquidado físicamente en Cuernavaca, se vio al *Chapo* comiendo en el restaurante Eldorado, que está en la salida que lleva de Culiacán hacia la costa, donde despachan unas gorditas de carne adobada con un sabor de antología. Por lo bajito un hombre le murmura a un comensal, haciendo una seña con la barbilla: ¿sabes quién estaba sentado allí donde estás tú, hace una semana? Sin esperar respuesta el hombre alude al *intocable*, al que para muchos es también *innombrable*. Lo dice el hombre en un suspiro, que así es como se pronuncian el apodo, los apellidos o el nombre de pila del capo.

Hoy, el cártel más poderoso y menos combatido de México ha extendido sus tentáculos hacia decenas de países en cuatro continentes, manejando al menos 3 mil 500 empresas en todo el planeta. Este último dato lo aportó a *The Economist* el doctor Edgardo Buscaglia, académico del Instituto Tecnológico Autónomo de México (ITAM) y coordinador del Programa Internacional de Justicia y Desarrollo. Las cifras, me dice Buscaglia en una conversación personal, se sustentan en monitoreos en países de Europa y en la lista de control de activos financieros e inversiones de Estados Unidos. La del Pacífico es, hoy por hoy, una verdadera confederación, una organización criminal perfectamente globalizada que actúa con una estructura piramidal de empresa próspera, asegura con énfasis Buscaglia. El especialista, que ha sido asesor de Naciones Unidas y ha trabajado en varios países, comenzó una fuerte polémica cuando declaró a *The Economist* que la estrategia de guerra del gobierno mexicano se había centrado en los grupos de traficantes más débiles, "de manera que el mercado de las drogas y de la delincuencia organizada apunta a la consolidación del cártel de Sinaloa".

Así pues, la empresa del *Chapo* se fortalece cada vez que el Ejército, la Policía Federal y ahora los marinos de élite, muy bien entrenados en Estados Unidos, presumen sus "triunfos" contra el narcotráfico, traducidos en esporádicos descabezamientos de líderes, mas no en el desmantelamiento de las vastas estructuras criminales: además de la muerte de Arturo Beltrán, el encarcelamiento de su hermano Carlos y, más recientemente, la captura en La Paz, Baja California, del feroz criminal apodado *el Teo* o *el Tres Letras*, Teodoro García Simental, nada hay que indique el fin o la disminución del poderío de los traficantes. Más bien lo que parece delinearse es la clara intención de concentrar el poder y consolidar la hegemonía de un solo grupo, el de Sinaloa, también llamado cártel del Pacífico o *La Federación*, para facilitar una negociación entre la autoridad y esta organización delictiva. Paradójicamente, en este momento el de Sinaloa es el "cártel incómodo" del panismo.

Cabe mencionar aquí que no pocos sectores del gobierno, acompañados por ex funcionarios y el vocero del ex presidente Vicente Fox, se han pronunciado en este sentido, es decir, en el de la búsqueda de acuerdos con los capos. *The Economist* citó en enero, como contraparte, como forma de corroborar o confrontar los dichos de Buscaglia, a un vocero del gobierno mexicano, quien paladinamente reconoció que se ha atacado menos al cártel de Sinaloa porque se trata de un grupo "más inteligente y más sofisticado", cuyos líderes han preferido actuar con un bajo perfil y acudiendo a los métodos violentos con menos frecuencia.

Contrariamente al trato brindado a este cártel, el líder de los Beltrán Leyva, Arturo, fue descubierto y finalmente ejecutado.

45

El Barbas gozaba de la protección de mandos de la Armada, con quienes convivía en forma por demás placentera en la Base de Icacos, en Acapulco, desde donde, junto con sus hermanos Héctor y Alfredo, se hacía cargo de la plaza de Guerrero, aún bajo las órdenes del cártel de Sinaloa. Pero cuando rompió con *el Chapo* Guzmán y *el Mayo* Zambada quiso mantener el poderío en el estado mencionado, sobre todo en la Costa Chica y en buena parte de La Montaña, que permite las conexiones hacia Oaxaca, Michoacán y el Estado de México. De alguna manera, la desavenencia de los Beltrán con *La Federación* implicó también su ruptura con el Estado mexicano, pero a esto volveremos más adelante.

SEGÚN *THE ECONOMIST*, el funcionario gubernamental consultado, que prefirió guardar el anonimato, describió cómo Joaquín *el Chapo* Guzmán sobornó a las autoridades para salir de una cárcel de alta seguridad en enero de 2001. Y cómo es que ahora domina un territorio de 60 mil kilómetros cuadrados de montañas "en las que se necesitarían 100 mil soldados para rodear y peinar la zona y aun así no estoy seguro de que habría éxito en la captura del capo".

Buscaglia ironizó sobre las declaraciones del vocero anónimo: "Son una vacilada y revelan una torpeza extrema". También criticó a quienes pugnan por negociar con los jefes del narco porque éstos actúan "como idiotas útiles", si es que no están en alguna nómina, refiriéndose a los viejos amigos con antecedentes de militantes de la izquierda que terminaron incorporándose al "voto útil" y aceptando colaborar en el sexenio de la llamada alternancia: Jorge Castañeda (ex canciller) y Rubén Aguilar (ex vocero de la Presidencia). "Hablar del hipotético empleo de 100 mil soldados para atrapar a un solo individuo no se le ocurrió ni en sus más agresivos momentos a George Bush", se burló Buscaglia. El dominio y la operación del *Chapo* y del resto del cártel de Sinaloa no son territoriales, son globales y están dispersos por muchos países. Sobre la negociación con los narcotraficantes, el especialista opinó que no es el mejor camino para México, que en su lugar se debería lograr un acuerdo político nacional que incluyera a los empresarios y a los líderes sociales, para combatir a fondo el fenómeno de la criminalidad. Aseguró que, a la luz de lo que hoy ocurre, "uno tiene necesariamente que llegar a la conclusión de que el gobierno mexicano está aplicando la estrategia de la negociación". El pacto nacional del que habla Buscaglia es como el que se dio en Colombia, y asegura que sin éste nunca podrá frenarse la "mafiocratización" de México. "Hay que llegar al fondo, como en el país sudamericano, donde más de 30 por ciento de los miembros del Congreso fueron investigados y enjuiciados." Lo más grave sería que se diera el pacto (que no debe buscarse) justo en estos momentos, en los que la guerra oficial se encuentra en un estado lamentable y no es sino un hecho fallido, con total descontrol y pasmo por parte de la autoridad. Si así fuera, el gobierno carecería de la fuerza y el mínimo poder para ganar algo en un supuesto acuerdo. El monstruo ya se creó, existe ese Frankenstein, pero negociar con él sería fortalecerlo y convertirlo en indestructible, terminaría por capturar aún más al Estado mexicano, incluidos sus núcleos políticos, intelectuales, empresariales y financieros, "hasta el punto de poder doblegarlo totalmente".

Buscaglia también asegura que los capos de la droga en México se han propuesto capturar países enteros, igual que como ya se han apoderado de México.[1] En este punto ejemplifica la intrusión de los mexicanos en Guatemala, donde han provocado una enorme ola de violencia y ejercen un dominio territorial absoluto. Más recientemente, esto también ha sucedido en Paraguay, asegura el investigador, donde los personeros del narco apuestan inclusive al juicio político y derrocamiento del presidente Fernando Lugo. Hoy hay una gran ofensiva de criminales mexicanos en el extranjero que ambicionan un dominio político que ni siquiera los colombianos alcanzaron. Por supuesto, este grupo, que crece exponencialmente hacia el exterior, es el más poderoso y el único *tolerado* por las autoridades: el cártel de Sinaloa es la agrupación criminal responsable de 45 por ciento del tráfico y producción de drogas en México, sin embargo y de manera por demás curiosa, de entre los 55 mil individuos asociados al crimen organizado capturados por el gobierno, apenas unos cuantos cientos pertenecen a este grupo y del total ni siquiera dos por ciento llega a una condena.

---

[1] Los cárteles mexicanos participan en 22 tipos de delitos (trasiego de droga, lavado de dinero, tráfico de personas, secuestro, contrabando de armas) en 47 países del mundo: además de Estados Unidos y de la Unión Europea, trabajan en casi toda América Latina, en varias naciones africanas y en siete países de Asia. Hoy los cárteles mexicanos son la mayor amenaza del hemisferio y forman parte del elenco de los cinco grupos criminales más peligrosos del mundo. En apenas 10 años, los traficantes mexicanos pasaron, por ejemplo, de surtir 55 por ciento de la cocaína que se consume en Estados Unidos a proveer 90 por ciento, según reportes del Departamento de Estado.

Puebla-Colombia-Sinaloa

Un mes después de mis conversaciones con el doctor Buscaglia, el 8 de febrero de 2010 la realidad ya le había dado la razón: las autoridades colombianas habían destapado la punta de un iceberg trasnacional al asestar un durísimo golpe contra la distribución continental de la cocaína, capturando a 22 individuos, entre ellos 12 pilotos dedicados a transportar el alcaloide, y a María Patricia *la Doctora* Rodríguez Monsalve, enlace directo con Joaquín *el Chapo* Guzmán. También aseguraron 25 aeronaves supuestamente propiedad del Cártel de Sinaloa.

En su momento, se dijo que todos estos arrestos fueron producto de una investigación de dos años, apoyada por la agencia antidrogas de Estados Unidos. El caso fue de tal relevancia que el gobierno de Washington reclamó la extradición de todos los capturados, argumentando que se trataba de un grupo a partir del cual podían ubicarse los contactos y el *modus operandi* del tráfico de cocaína hacia Estados Unidos, pues las cinco toneladas semanales que movía la red desmantelada, cantidad que suma más de 250 toneladas anuales, son suficientes para dar abasto a todos los adictos estadounidenses.

Patricia Rodríguez *la Doctora* fue esposa del capo colombiano Francisco *Pacho* Cifuentes, asesinado a mediados de 2007 en el departamento de Córdoba, casi 450 kilómetros al noroeste de Bogotá. Según el general Óscar Naranjo, director de la policía colombiana, al morir Cifuentes su viuda heredó una deuda multimillonaria por cargamentos de entre seis y siete toneladas de cocaína. Y para saldarla acordó con los capos mexicanos del cártel de Sinaloa habilitar sus fincas como bodegas para la droga y como aeropuertos clandestinos para los aviones que llevarían el alcaloide hacia México vía Centroamérica.

En este contexto se supo que al menos 13 aeronaves fueron adquiridas a través de la mexicana Casa de Cambio Puebla. Por supuesto, había que triangular las compras y ocultar los flujos de dinero. Y aunque Casa de Cambio Puebla pagó por los aviones, los traficantes crearon en Estados Unidos el fideicomiso Powell Aircraft Title Service. Fue así como adquirieron las aeronaves, incluidos el DC-9 (de la empresa fantasma Fly) y el Falcon 20 sorprendidos en Ciudad del Carmen, Campeche, en abril de 2006, con un cargamento de más de cinco toneladas de cocaína. Los pilotos del Falcon, en aquella ocasión, eran Fernando Poot y Marco Aurelio Pérez de Gracia, ambos eran trabajadores de la Comisión Nacional del Agua; años antes habían estado al servicio del gobierno de Quintana Roo, cuando el gobernador era Mario Villanueva Madrid.

Al respecto, en febrero de 2010 entregué esta información a *El Financiero*:

A Joaquín *el Chapo* Guzmán Loera se le podría llamar también el *Señor de los Cielos*, pues el líder del cártel de Sinaloa no solamente se consolida como el capo hegemónico del tráfico de drogas en México —con nexos en decenas de países— sino que adquirió un poderío aéreo quizá superior al que tuvo en su momento Amado Carrillo Fuentes.

Datos difundidos por la "Operación Fronteras" de Colombia, que produjo 22 detenidos en febrero de 2010 en media docena de ciudades de ese país, revelaron la incautación de 25 aeronaves copropiedad del cártel de Sinaloa y de cuatro redes traficantes colombianas que se empleaban para trasegar cocaína hacia México y Estados Unidos por dos rutas: a través de países de Centroamérica o desde el aeropuerto de Maiquetía en Venezuela.

Doce de los 22 arrestados eran pilotos al servicio del narco, pero se capturó también a un controlador aéreo, Julio Hernando Moya Buitrago, quien habría diseñado un sofisticado sistema para utilizar pistas y planes de vuelo de aeronaves privadas, con la posibilidad de alterar documentos si los aviones eran descubiertos por la autoridad. Moya era responsable de agilizar trámites para los permisos de mantenimiento en hangares colombianos.

El operativo duró dos años y se apoyó en la intercepción de llamadas telefónicas de los pilotos que servían en México al cártel de Sinaloa y en Colombia a la estructuras lideradas por Daniel Arnoldo *el Loco* Barrera (departamentos de Meta, Caquetá y Casanare); Maximiliano Bonilla *Valenciano*, de la oficina del municipio de Envigado y ex integrante del cártel de Medellín; los hermanos Javier Antonio y Luis Antonio Calle Serna *Los Comba* o *Los Combatientes*, sucedáneos del cártel del Norte del Valle, y Miguel Ángel Mejía Munera, del clan de *Los Mellizos* extraditados a Estados Unidos.

Los integrantes de las cuatro redes colombianas operadoras del trasiego de cocaína para el cártel de Sinaloa fueron capturados en Medellín, Cali, Barranquilla y Cartagena para ser extraditados a Dallas, Texas, donde serán juzgados. Entre ellos está una mujer de 38 años, María Patricia Rodríguez, viuda del ex capo Francisco *Pacho* Cifuentes. Ella habría negociado ser enlace del cártel de Sinaloa para saldar deudas que dejó su marido ejecutado. Cifuentes gozaba de tal confianza por parte del *Chapo* Guzmán, que éste le compró y encargó 13 aviones para juntos traficar cocaína de Colombia a México, según la revista *Semana* de Bogotá.

Los aviones fueron adquiridos a través de la Casa de Cambio Puebla, fundada en 1985 por varios socios, entre ellos el que fuera tesorero de Veracruz en el sexenio de Agustín Acosta Lagunes, Carlos Gutiérrez de Velasco Oliver, y sus parientes los hermanos José Antonio y José Ramón Gutiérrez de Velasco Hoyos, este último, ex alcalde panista de Veracruz; la ex diputada local del PAN Claudia Beltrami Mantecón, esposa del ex alcalde *Joserra*; el empresario poblano Eusebio San Martín Fuente; el veracruzano Julián García Carrera, de la embotelladora "Jarochito", y Eugenio Pérez Gil, ex director de Tamsa, entre otros.

La casa de cambio fue acusada por la agencia antidrogas de Estados Unidos, la DEA, e intervenida en junio de 2007 por blanquear unos 11 millones de dólares. Al menos 23 cuentas fueron incautadas en el Wachovia Bank de Miami.

La Casa de Cambio Puebla se había especializado en la compra de aeronaves. Además de las incautadas en Colombia, éstas son algunas de las históricamente capturadas:

—Un avión Grumman con matrícula N987SA, que el 24 de septiembre de 2007 se estrelló en Tixkokob, Yucatán, con 3.7 toneladas de cocaína, había sido comprado en dos millones de dólares por el estadounidense Clyde O'Connor, a través del fideicomiso Powell Aircraft Title Service, fundado en Estados Unidos por *Pacho* Cifuentes y *el Chapo* Guzmán.

—Antes fueron incautados un DC-9 perteneciente a Fly, empresa fantasma de Estados Unidos, en abril de 2006 en Ciudad del Carmen, Campeche, cuando llevaba 128 maletas negras con cinco mil 100 bolsas ya etiquetadas para sus destinatarios (eran 5.6 toneladas de cocaína), y un Falcon matrícula XB-IYK, en el que se iba a descargar parte de la droga, manejado por dos pilotos de la Comisión Nacional del Agua: Fernando Poot Pérez y Marco Aurelio Pérez de Gracia.

—El negocio era antiguo, pues el 25 de enero de 2004 las autoridades de Guatemala interceptaron un Beechcraft King Air 200 con dos toneladas de cocaína en las inmediaciones del río Usumacinta, y el 11 de septiembre de 2005 el ejército colombiano persiguió y aseguró en la isla de San Andrés otra aeronave, matrícula N183A, con mil 300 kilogramos de cocaína.

—El 28 de diciembre de 2007, un King Air aterrizó en Cuernavaca y descargó cientos de kilos de cocaína.

Sobre el lavado de dinero realizado a través de Casa Puebla —con 18 sucursales en el sur del país— se puede hallar una referencia en

53

el caso de Zhenli Ye Gon, el empresario chino nacionalizado mexicano cuya extradición a nuestro país desde Estados Unidos sigue pendiente. El 13 de octubre de 2007 el diario *El Universal* dio a conocer que ocho casas de cambio le habrían lavado 90 millones de dólares a Ye Gon. Encabezaban la lista Casa de Cambio Puebla y Consultoría Internacional Casa de Cambio. A Ye Gon se le encontraron 205 millones de dólares en efectivo (250 millones, se le escapó decir al presidente Felipe Calderón) en su residencia de Lomas de Chapultepec. Acusado de ser gran importador de efedrinas y otros precursores químicos para fabricar drogas sintéticas, con permisos oficiales originalmente, Zhenli Ye Gon afirmó que buena parte de la fortuna incautada pertenecía al Partido Acción Nacional. Cabe mencionar que en noviembre de 2009 el ex alcalde José Ramón Gutiérrez de Velasco, accionista de Casa de Cambio Puebla, se convirtió en el dirigente de Acción Nacional en el puerto de Veracruz y se le ubica como uno de los principales aliados de Miguel Ángel Yunes Linares rumbo a la candidatura estatal.

VOLVAMOS A LAS OPERACIONES del cártel de Sinaloa. Según publicó el diario *Reforma*, un individuo identificado como Enrique Rumbos era el intermediario para la compraventa de las aeronaves. Pero el verdadero responsable del negocio de envío de cocaína a México, desde donde se traficaba hacia Estados Unidos, era el guatemalteco Otto Herrera, *el Profe* o *el Ingeniero*. El 12 de mayo de 2005 Herrera escapó del Reclusorio Sur de la ciudad de México. La fuga fue tan limpia como la de su compadre *el Chapo* el 19 de enero de

2001. Uno y otro contaron con la complicidad y con la ayuda de custodios y jefes carcelarios.

El entramado de pilotos al servicio del narco existía desde la fuga de Otto Herrera, pues los mismos Poot y Pérez de Gracia esperaron al *Profe* en Cuernavaca para sacarlo del país. Fuentes oficiales saben que estos pilotos también sacaron del territorio mexicano al ex gobernador de Quintana Roo, Mario Villanueva Madrid, cuando éste decidió huir, justo antes de rendir su último informe de gobierno, en 1999, y cuando era protegido de la persecución de la PGR y de la DEA por el gobernador de Yucatán, Víctor Cervera Pacheco. Para dar una idea más certera sobre las complicidades de alto nivel en la política mexicana, cabe recordar que en la década de 1990 *el Chapo* Guzmán obtuvo una credencial y un permiso de portación de arma, con su fotografía real pero con el nombre falso de Joel Ruiz, en la que aparecía convertido en un escolta más de Cervera Pacheco cuando éste era secretario de la Reforma Agraria.

El piloto Pérez de Gracia terminó "suicidándose" con sus calcetines en la celda 827 (módulo 7, dormitorio B) del penal de máxima seguridad de Almoloya, el 14 de diciembre de 2007. Por su parte, Otto Herrera fue recapturado en Bogotá, Colombia, en junio de ese mismo año. La DEA había llegado a ofrecer cinco millones de dólares, y México dos millones más, para quien proporcionara datos confiables sobre su paradero.

Antes de estos dos hechos, para encubrir las operaciones de compra y transporte que hacían con sus aviones, la organización traficante empleaba el nombre de Jorge Castro Barraza, un piloto de 80 años de edad nacido en Sinaloa. Diversos aviones de la red criminal aparecieron en lugares como las inmediaciones de la frontera entre México y Guatemala, la isla de San Andrés, en Colombia, pero también en sitios tan increíbles como Guinea Bissau (en la costa occidental de África), donde el piloto Carmelo Vázquez Guerra fue capturado el 12 de julio de 2008, al llegar en un Grumman II cargado con cocaína; el hermano de Carmelo, de nombre Miguel, era el piloto del famoso DC-9 de Ciudad del Carmen, Campeche.

A INSTANCIAS DE WASHINGTON, expertos colombianos comenzaron a dar cursos de capacitación por lo menos a 11 mil policías federales mexicanos, presumían los colombianos, en acuerdo firmado por los presidentes Felipe Calderón y Álvaro Uribe en agosto de 2009. Antes, en junio de ese mismo año, mostraron su capacidad mediante la "Operación Camarón" que tomó 78 propiedades en Bogotá y Cali que, a nombre de testaferros colombianos, pertenecían en realidad al *Chapo* Guzmán y al cártel de Sinaloa. Colombia declaró la extinción de dominio de estos bienes valuados en unos 57 millones de dólares: hoteles, vehículos, fincas, centros comerciales. El propietario "no es un sicario mexicano o un narco de menor categoría: se trata de quien para la DEA y la Interpol es el mayor traficante de drogas del mundo", reportó el diario *El País*, en cuya nota se hacía la comparación de cómo en Colombia se incautaban negocios, bienes inmobiliarios, comercios y aviones al cártel de Sinaloa. En México no.

El Chapo, fuga protegida

Se tiene constancia que desde mayo de 1999 se habían consignado graves irregularidades en los Centros Federales de Readaptación Social, tanto de Almoloya en el Estado de México (hoy llamado La Palma), como de Puente Grande en Jalisco. En actas ministeriales de la época aparece, por ejemplo, una denuncia de Antonio Aguilar Garzón, quien fuera subdirector de esas cárceles y del Centro de Rehabilitación Psicosocial de Cuernavaca. Este funcionario advirtió acerca del flujo hacia el interior del penal de artículos prohibidos para los internos, sobre todo para los de mayor poder económico: "Se permitía el ingreso de prostitutas, licor, drogas, entre ellas cocaína, y alimentos procedentes de restaurantes [de lujo], celulares", dice la declaración, que alude también a la entrada de medicamentos, incluido el Viagra y otros estimulantes.

Entre los beneficiarios de estos y otros privilegios, Antonio Aguilar menciona, para lo que toca a Almoloya, a internos como Pedro Lupercio Serratos (ex socio y luego enemigo de

Amado Carrillo Fuentes), Javier Pardo Cardona (colombiano), Miguel Ángel Félix Gallardo (el original y verdadero *Jefe de Jefes*), Rafael Caro Quintero (famoso después del secuestro y asesinato del agente de la DEA, Enrique Camarena, en 1985); para lo que toca a Puente Grande, acusa al *Chapo*, al *Güero* Palma, a Arturo Martínez Herrera *el Texas* y a Mariano Morales.

Con estos antecedentes documentales nadie puede llamarse a engaño, fingir ignorancia, o aparentar sorpresa por la evasión de Guzmán Loera, calificada desde entonces como la "fuga del siglo".

En 1999 el director general de Prevención y Readaptación Social de la Segob era Miguel Ángel Yunes Linares,[1] quien luego se desempeñó en el puesto equivalente cuando las 440 cárceles del país pasaron a la estructura orgánica de la SSP federal. Yunes sabía lo que estaba pasando y lo que estaba a punto de suceder y no hizo nada para impedirlo. La huida del *Chapo* Guzmán fue consentida por este personaje, así como por Celina Oseguera Parra, la ex directora de los dos Ceferesos, quien en 1997 autorizó que el capo cambiara su lugar de reclusión. Hace más de 12 años sostuve que el traslado del *Chapo* desde Almoloya a Puente Grande, custodiado por medio centenar de agentes federales un día de descanso obligatorio —el 20 de noviembre de 1997—, representaba una "fuga

---

[1] Tras su paso por la SSP, Yunes fue nombrado director del ISSSTE en el sexenio de Felipe Calderón. Actualmente, después de haber pertenecido durante muchos años al PRI, Yunes aspira a gobernar Veracruz como candidato del PAN. Este personaje representa la entronización del narco en la política, la conversión de militantes hacia el partido que más pueda redituarles, inclusive, si es necesario, sacrificando principios e ideologías en el altar del beneficio cortoplacista y personal.

técnica", pues el narcotraficante pasaba a una prisión con controles mucho más relajados en aquel entonces. Nada es gratuito en esta vida y en su momento se habló de que por esa maniobra se habrían pagado al menos tres millones de dólares.

La fuga fue paciente, minuciosa e inteligentemente preparada. Las condiciones fueron creándose durante años, lubricadas con el mejor aceite con el que funciona la maquinaria oficial en los reclusorios: dinero, mujeres, puestos de trabajo, inclusive ayudas para enfermedades y medicamentos, todo lo que hace un verdadero padrino.

Es verdad que cuando *el Chapo* se evadió limpiamente del penal, Yunes ya no era el director de Prevención y Readaptación Social a nivel federal, sino Enrique Pérez Rodríguez, su ex secretario particular desde que aquél ocupaba la secretaría de Gobierno de Veracruz. Sin embargo, como lo señalamos más arriba, Yunes estaba al tanto de los insistentes avisos de una eventual evasión. Ambos funcionarios fueron notificados de las irregularidades, y aun así, Guzmán Loera se fue como si nunca hubieran existido advertencias. A la postre nadie culpó a ninguna autoridad federal por la fuga más escandalosa de los gobiernos panistas.

Años después Yunes rescataría por enésima vez a Pérez Rodríguez nombrándolo delegado del ISSSTE en Veracruz. Desde allí "opera para su candidatura al gobierno estatal por Acción Nacional", según publicó en enero de 2010 Raymundo Jiménez, en su columna "Al Calor Político". En esta misma columna llamaba a Miguel Ángel Yunes "presunto delfín del presidente Calderón para la gubernatura del estado", curiosamente unos días antes de que el primer mandatario "ungiera" a Yunes empujándole la cabeza para meterle boca y nariz en un pastel cuando se conmemoraban 50 años del ISSSTE. Nada fue casual en esa liturgia política en la que el pastelazo sustituía al histórico dedazo presidencial: ese 19 de enero, el pastel tenía velas blancas y azules, los colores de Acción Nacional. "¿Fue como la patada para desearle buena suerte?", le preguntaron los periodistas. "Está muy bueno el pastel, muchísimas gracias", eludió Miguel Ángel Yunes, quien cumplió 57 años el 5 de diciembre de 2009. "Tóquele, tóquele", invitaba a una mujer allí presente, como para presumir "músculo" hacia la candidatura estatal.

LA FUGA DE Puente Grande es el gran suceso que antecede a la guerra contra los Beltrán y que distingue al *Chapo* como el elegido por el gobierno para ser el capo del panismo. De pronto el panorama comenzó a ser cada vez más favorable para *el Chapo*, sobre todo a partir de 1999, cuando logró poner como subdirector de Seguridad Interna del penal a un hombre que él mismo hizo traer desde Sinaloa, Dámaso López Núñez, y como director de Seguridad Externa a Luis Francisco Fernández Ruiz. Serían estos dos hombres quienes cuidarían los privilegios de los principales personajes recluidos en Puente Grande. Como hemos dicho, al *Chapo*, al *Güero* Palma y al *Texas* Herrera les costaba mucho dinero conservar esta red de corrupción. Hace 11 años, los jefes de custodios podían obtener hasta 40 mil pesos mensuales, mientras el director del penal, Leonardo Beltrán Santana, recibía más de 50 mil. El jefe de cocina, Silvestre Mateo de la Cruz, recibía 15 mil pesos por preparar comida especial para los capos y permitir que de vez en cuando ésta ingresara desde el exterior. Eréndira Moreno Arriola, mayora de cocina, era la encargada de llevarles los alimentos a los barones de la droga; posteriormente fue obligada a convertirse en una de las parejas habituales de *don Joaquín*. Muchas otras mujeres mantenían relaciones con los líderes del cártel de Sinaloa, lo mismo traídas desde fuera del penal (Mireya, Brisa, *la Chiquitina*) como seleccionadas entre las trabajadoras de limpieza, lavandería y cocina (Yolanda González, María Elena Bonilla, Rosa, dos María Dolores, Leticia y la propia Eréndira). No obstante, el encuentro más esperado por *el Chapo* era con una reclusa en especial: Zulema Hernández, quien era llevada hasta su visita íntima por las custodias Eva Pérez Romo y Silvia Muñiz Vizcarra.

El Chapo y Zulema intercambiaban correspondencia e inclusive quedaron de verse cuando ambos estuvieran fuera de la cárcel. Ella salió de Puente Grande en 2003, pero al año siguiente fue recapturada por estar presuntamente involucrada con narcos mexicanos que compraban cocaína a los guerrilleros de las Fuerzas Armadas Revolucionarias de Colombia (FARC). Entrevistada por el periodista Julio Scherer, Zulema confió algunas de las cartas que le escribió Guzmán Loera en el año 2000, cuando ambos estaban tras las rejas. Éste es el tono de las cartas que Joaquín le escribía a Zulema, cuyo cuerpo apareció torturado y sin vida en la cajuela de un automóvil el 17 de diciembre de 2008, en la autopista México-Pachuca: "En todos sentidos es importantísimo el traslado y éste va a ser el primer paso del objetivo principal que es conseguir a como dé lugar tu libertad, y lo vamos a lograr. Ya verás que muy pronto tendremos la dicha de estar ambos en la calle y juntos, que es lo más bonito de todo".

El expediente de la fuga del *Chapo* Guzmán, en donde queda clara la intención de los funcionarios y custodios de facilitar el "primer gol" contra el presidente Fox (otros hablan de un arreglo millonario en dólares durante el periodo de transición, con personeros que finalmente no obtuvieron cargo público alguno), desvela también el intento perverso de culpar de la corruptela mayúscula a otros reos. Sin embargo, hoy no queda ni el menor asomo de duda de que el ejecutor físico de la salida del capo, escondido en un carro de ropa sucia, fue Francisco Javier Camberos Rivera, mejor conocido como *el Chito*, un empleado de mantenimiento que entraba y salía del penal sin restricción alguna.

Aquel 19 de enero, por la noche, *el Chito* atravesó, muy campante desde el módulo III, en el que se hallaba *el Chapo*, en la celda 307, los diamantes V-7 nivel C, un pasillo hacia el V-6 nivel C, girando hacia la derecha al diamante V-4 nivel C: "Como yo veía que en el camino a mantenimiento había mucha gente porque era la hora de la cena, en ese momento decido irme rumbo a COC [Centro de Observación y Clasificación, el módulo de ingreso], giré a la derecha para pasar por el diamante V-2 nivel C, la puerta del V-4 no funcionaba y tenía un bote puesto, por lo que pasé al diamante V-1". Así siguió el camino del *Chito* hasta sumar ocho puertas y módulos, tras los cuales traspuso la última aduana entre el interior del penal y la calle. Nadie revisó el carrito de ropa. Por supuesto, las cámaras de video no funcionaron en ningún punto del trayecto, tampoco sirvieron las puertas electrónicas y los filtros. Ya afuera, *el Chito* metió a su jefe en la cajuela de un vehículo comprado *ex profeso*, y sin que le temblara el cuerpo regresó al interior del penal a colocar el carrito de la ropa sucia en su lugar. Luego volvió al coche, lo encendió y se encaminó a la salida, donde el jefe de la aduana, *el Capi* Manuel de Santiago, en lugar de revisar el vehículo, les dio paso franco gritando: "Sale, sale, sale".

Entre los testimonios que después se recogieron durante las averiguaciones sobre la fuga, hay verdaderas joyas, como lo dicho por el vigilante Alejandro Ledesma Pacheco, quien vio cómo el carrito azul en el que viajaba *el Chapo* empujado por *el Chito* pasaba en dirección al diamante V-3, "el cual llevaba a las áreas de cocina, talleres, intendencia, carpintería, mantenimiento y lavandería", acompañado por otro custodio, Víctor Manuel Godoy Rodríguez. En este punto, los abogados ironizan diciendo, en jerga beisbolera: "Se fueron para atrás, para atrás, para atrás... hasta que se volaron la barda, eludiendo la última aduana".

Por su parte, *el Chito* aseguró:

Ya en la calle, al pasar por un segundo tope, le comento yo al señor, le grito más bien, que "yo aquí lo dejo", pero él me dice que me vaya con él porque a partir de mañana iba a estar la noticia pero en grande. Agarro la carretera libre a Zapotlanejo, rumbo al centro de Guadalajara. Al llegar más o menos a las calles de Maestranza y Madero, el señor me dice que tiene sed [...] Me bajo a comprar un agua y cuando regreso, la persona [nunca dice su nombre] ya no se encontraba en el vehículo [...] Al ver yo el problema en que me encontraba me decidí ya muy noche a llevar el vehículo afuera de la casa de mi concuño.

Asimismo, hay una reflexión curiosa del *Chito* respecto a sus motivaciones para operar en la salida del *Chapo*, que vale la pena anotar aquí:

> Que quede asentado que yo no pertenezco a ninguna clase de ban-
> da organizada ni conozco gente que tanto me hacen mención [...]
> también quiero que quede asentado que nunca cobré un peso por el
> favor que le hice al señor Guzmán [...] como mexicano que soy no
> se me hace justo que las autoridades mexicanas quieran hacer con
> uno lo que quieran, así como el señor Joaquín Guzmán Loera me
> había comentado que él ya había pagado por sus delitos y se lo que-
> rían llevar a Estados Unidos [...] el cual en su momento me comen-
> tó si lo ayudaba a salir [...] y nunca cobré un peso [...] del dinero
> que yo cobraba y se me hace mención, era porque yo le daba man-
> tenimiento [*sic*] a los familiares del señor.

Por supuesto, *El Chito* mentía. No solamente recibía dinero del
Chapo, el cual le era entregado en dólares en alguno de los locales
que el más famoso capo mexicano tenía en la Plaza del Sol de Guadalajara (una pizzería, una tienda de botas y otra de ropa), sino que
queda constancia de que con ese soborno compró, también en dólares, el auto con el que sacó a su patrón de la cárcel. Además, *el Chapo*
le puso en charola de plata a una bella sinaloense, de nombre Ariad-
na, con la que *El Chito* estaba dispuesto a casarse y a la que le compraba boletos de avión e invitaba a los más caros bares y restaurantes.

Para encubrir la fuga, consta también en las actas a las que he
tenido acceso, los custodios aseguraron que iban a enviar el famo-

so carrito azul "para sacar cosas que no estaban permitidas en el penal", como hornos de microondas, licuadoras y otros aparatos. Éste fue siempre un vil y vulgar pretexto, pues todo mundo sabía que allí entraban licores y drogas, mujeres y medicamentos, comidas finas y todo lo que ordenaran los verdaderos jefes del penal, que eran los internos, sin necesidad de carritos.

Lo que sí es verdad es que la noche de la fuga los vigilantes de la caseta de salida fueron enviados "a montar servicio en parapeto", supuestamente para observar los vehículos que pretendían entrar al Cefereso y así "prevenir un posible ataque en contra del penal", según declaró el custodio José Rosario González Olachea. Se descuidó la salida, en la que solamente quedó Manuel de Santiago, que fue quien gritó "sale, sale, sale" al paso del auto en cuya cajuela iba *el Chapo*. De Santiago fue acusado por varias personas de preparar el terreno para estar solo en la salida al paso del automóvil: "Deseo señalar que después del día 15 de diciembre del año 2000, el comandante Manuel de Santiago me comentó que Felipe Leaños Rivera le había dicho que había el rumor de que iba a haber una fuga, sin precisar quién y cuando se iba a dar, por lo que debería de estar pendiente". Eran señales de humo, en preparación de la fuga del siglo.

La evasión tuvo otras complicidades. Según le cuenta Zulema Hernández a Julio Scherer, la fuga de Joaquín Guzmán Loera pudo ocurrir por órdenes de más arriba: "¿De este gobierno o del anterior?", le pregunta el fundador de la revista *Proceso*. Ella contesta: "Gente del gobierno anterior, sobre todo, y también de éste".[2]

[2] La reclusa se refería a los gobiernos de Ernesto Zedillo y de Vicente Fox.

En efecto, desde la ciudad de México habían llegado a Puente Grande, ese mismo 19 de enero, seis horas antes de la fuga del *Chapo*, el subsecretario de Seguridad Pública federal, Jorge Tello Peón; el coordinador de Inteligencia de la PFP, Nicolás Suárez Valenzuela; el director de Servicios Técnicos de la propia PFP, Humberto Martínez, y el director de Reclusorios, Enrique Pérez Rodríguez. Al constatar, por enésima vez, las denuncias de irregularidades en el penal de alta seguridad y los privilegios con los que contaban los reos más poderosos, se afirma que estos jefes decidieron reubicar en áreas de mayor seguridad al *Chapo*, al *Texas* y al *Güero* Palma. La orden se dio antes de las dos de la tarde, pero a las cuatro y media el director del penal, Leonardo Beltrán Santana, en lugar de reubicarlos se reunió con los tres capos. Y a las ocho y media de la noche *el Chapo* ya no estaba en el penal.

Sin lugar a dudas, fue una acción concertada. Sobre todo si se atiende la parte de la historia que contó María Guadalupe Morfín Otero, entonces presidenta de la Comisión Estatal de Derechos Humanos de Jalisco, quien recibió la queja de varios custodios de Puente Grande que recibían hostigamiento laboral y otras amenazas por negarse a formar parte de la corrupción que imperaba en el Cefereso. Aunque estos custodios pidieron confidencialidad y ésta fue respetada por la comisión estatal, no sucedió lo mismo con los enviados de la Tercera Visitaduría de la CNDH, quienes los presionaron para que se desistieran de las denuncias. A causa de este hostigamiento, sólo tres custodios persistieron en la queja.

Furiosa y preocupada ante los hechos narrados, Morfín pidió medidas cautelares para los custodios al presidente de la CNDH, José

Luis Soberanes; habló con Santiago Creel, entonces secretario de Gobernación, y se comunicó con Mariclaire Acosta, subsecretaria de Relaciones Exteriores, quien le sugirió hablar con Adolfo Aguilar Zinser, consejero de Seguridad Nacional. Así pues, los principales integrantes del gabinete de Vicente Fox estaban al tanto de los hechos y, finalmente, la llamada de Morfín fue tomada por Aguilar Zinser. Lo que ocurrió es un indicador de la torpeza y la complicidad oficial con la que se actuó.

Esto es lo que declaró Morfín Otero al ministerio público:

Lo enteré de los mismos hechos [a Aguilar Zinser]. La mañana del día 19 me habló Jorge Tello Peón desde su celular, supongo, para informarme que estaba en Guadalajara para investigar el caso del Cefereso. A mi pregunta de su cargo (yo lo hacía en el Cisen todavía), me aclaró que era prácticamente el subsecretario de Seguridad Pública y que el doctor Gertz lo había enviado con la encomienda de investigar lo por mí relatado. Me pidió que lo recibiera, a lo que accedí de inmediato, pero me dijo que iba al Cefereso. Le sugerí que se devolviera, que era importante que primero hablara conmigo. Me dijo que ya iban por El Salto. "No le hace —le dije—, devuélvase." Dijo que tenía sentido mi petición. Preguntó algo [sobre] si sabían dónde estaba mi oficina. Dije "¿perdón?", por no saber si se dirigía a mí. "No —me contestó—, le estoy preguntando al director del Centro, que viene conmigo."

"¿Me está diciendo que con usted viene Leonardo Beltrán Santana?", exclamé sorprendida. "Sí —dijo—, pero él no entraría a sus oficinas; me esperaría afuera." Me enojé y le dije que estaba exponiendo mi seguridad, que no tenía nada que informarle, que no lo recibiría y colgué.

Volví a intentar hablar con Gertz Manero para expresar mi extrañamiento por los modos de investigar de su gente, haciéndose acompañar de alguien que participó en las reuniones mencionadas donde se presionaba a los custodios. El sentido común indicaba que no era lo correcto hacerse acompañar de él a mi oficina y tampoco solicitar la cita, con él a un lado, haciendo obvio que yo era una fuente de información. Es todo lo que tengo que manifestar. Pido que se garantice la integridad de los custodios que confiaron en la Comisión Estatal de Derechos Humanos de Jalisco, pues un deber de todo Estado democrático de derecho es proteger a los servidores públicos que demostraron honestidad.

Los visitadores de la CNDH, Joel René García Cervantes y José Mario Severiano Morales, entre otros, fueron quienes presionaron a los custodios para que retiraran las demandas; hicieron lo mismo que el director del penal y los jefes de seguridad.

La revista *Proceso* recordó esta bochornosa y cómplice actuación de los enviados de Soberanes casi nueve años después, en noviembre de 2009, cuando estaba en plena disputa la sucesión en la CNDH, tras 10 años de presidencia de José Luis Soberanes. El reportaje se tituló: "La CNDH propició la fuga del *Chapo* Guzmán", y hacía esta aseveración:

De la corrupción que minó la seguridad de Puente Grande, así como del "trabajo sucio" realizado por los visitadores, estuvieron enterados en aquel entonces Raúl Plascencia Villanueva y Mauricio Farah Gebara, dos de los más fuertes candidatos para relevar a Soberanes Fernández en la presidencia de la CNDH.

En una carta enviada a *Proceso*, la propia Guadalupe Morfín sumó algunas precisiones:

1. Tuve un grave diferendo con el titular de la CNDH a raíz de las quejas que la Comisión de Derechos Humanos de Jalisco recibió en 2000 por actos de corrupción en el Cefereso de Puente Grande, pero no correspondía ni a Plascencia ni a Farah intervenir en alguna queja de índole penitenciaria, sino a la Tercera Visitaduría.

2. El texto afirma "erróneamente que no reporté las irregularidades sino hasta pasada la fuga, el 20 de enero de 2001 [...] cuando en realidad lo hice puntualmente a lo largo de 2000".

3. Se ponen en riesgo los tres denunciantes al citar sus nombres. Uno de ellos fue asesinado en 2007.

De velorios y sepelios

Ya nada es como antes. No. Mejor dicho: tal y como antaño, los negocios ilícitos siguen prosperando. El narcotráfico está en auge, como ayer, pero el estilo de las familias y de los socios para mostrarse ante la sociedad, para guardar las formas y para ocultar la complicidad oficial ha cambiado. Cambia para que todo siga igual.

Cuando fue victimado Carmelo Avilés Labra, casi en la víspera del día de las madres de 1994, tras la avioneta que llevaba sus restos, que serían sepultados en Chihuahua, despegaron otras 25 aeronaves llenas de dolientes, una verdadera multitud de familiares entre quienes también iban sus socios, capos y pistoleros más importantes, además de alguno que otro jefe policial. El sonido de la tambora y los corridos entonados a todo lo que daban acallaron los llantos sinceros y amainaron el sentimiento de dolor auténtico.

Quince años después de ese funeral, en el velorio de Arturo Beltrán Leyva, hubo contrastes y diferencias. Como asientan las crónicas periodísticas, en el velorio del *Barbas* solamente

71

había mujeres al interior de la funeraria Moreh Inhumaciones, cuyo ostentoso edificio, ubicado en el bulevar Emiliano Zapata, de Culiacán, semeja un catafalco del peor gusto arquitectónico, con exceso de canteras y mosaicos que simulan mármoles: nada que convoque al recato. Uno de los velorios más observados de los últimos tiempos por la curiosidad pública fue también el más rigurosamente vigilado, con presencia de tropa y policía. Esto no impidió que hubiera algunos asistentes varones al rito religioso previo a la inhumación. Fieles al recuerdo de su jefe, sobre todo jóvenes, desafiaron el cerco militar y acudieron a las exequias disfrazados de mujeres. Muy lejos de un peregrino travestismo, rendían honor y veneración *post mortem* al ejecutado en Cuernavaca.

"Exequias de miedo", tituló Javier Valdez su crónica en el semanario *Ríodoce*, en la que aseguraba:

> No hubo banda ni grupo norteño, narcocorridos, tambora, y poco, muy poco tiempo para el llanto colectivo y reconfortante en las exequias. Tampoco los hombres llegan, está prohibido. Hace mucho que los velorios de supuestos sicarios en Culiacán, de jóvenes muertos acusados de estar involucrados con el narcotráfico, de serlo, de vender, cobrar y malpagar en este negocio, no son visitados por otros varones.

Mientras para un capo las puertas de salida de la cárcel se quedan sin guardias, para otro los guardias cubren las puertas hasta de la funeraria en la que es velado. Y es que había retenes y puntos de revisión por todos los accesos al edificio, así como también registro en los vehículos que circulaban por las calles cercanas. Un estado de sitio para evitar alguna balacera, impedir intentos de robar el cuerpo o de agredir a los deudos.

El de Arturo fue un ataúd de finas maderas, grande pero no tanto como aquel matrimonial en el que fueron velados, más juntos que en vida, y luego sepultados los restos del joven Rodolfo Carrillo Fuentes, *el Niño de Oro*, y el de su esposa, Giovanna Quevedo Gastélum. No resultó, pues, tan ostentoso como el de la pareja victimada en septiembre de 2004, con herrajes de oro y un enorme Cristo ensangrentado. También estuvo ausente la música, tan entrañable para despedir a los que mueren poderosos, como aquélla que entonaba la banda Los Plebes de Navolato (el corrido dedicado a ese mismo *Niño de Oro* y el "Te vas ángel mío", que solía cantarle su madre, doña Aurora, en Guamuchilito). Rodolfo fue otro de esos personajes que crecieron rápido y que quisieron desafiar el poder del cártel más consolidado del país.

El funeral de Arturo Beltrán Leyva, a quien le llegó un arreglo floral de dimensiones colosales que apenas lograba entrar por la puerta de acceso a la sala *premier* de la funeraria, tampoco puede compararse con la velación, 18 meses antes, de Edgar Guzmán, hijo del *Chapo*, para quien no fueron suficientes 50 mil rosas rojas, llevadas en nueve camiones Torton desde Villa Guerrero, Estado de México, hasta donde se rendía el homenaje. El costo de las flores más el traslado superó los nueve millones de pesos. En aquella ocasión hasta "resucitó" el cantautor Lupillo Rivera (exiliado en Long Beach, California) para volver a los narcocorridos, que *dizque* había abandonado en nombre de las rancheras y la música de banda, aportando la letra y la música de la pieza que ensalzaba las virtudes de un joven que murió famoso únicamente por su apellido.

Cincuenta mil rosas / se vendieron en Culiacán, / llevándose el 10 de mayo / listos para celebrar. / Pero unos días antes / se nos fue Edgar Guzmán. / La noticia se extendió, / todo se extendió / como pólvora encendida / que al *Señor de las Montañas* / le causaron este día. / Ay qué dolor tan profundo / del día de las madrecitas.

En el mundo del hampa mexicana, los sepelios y las bodas suelen hermanarse en los modos. En enero de 2010, por ejemplo, se cumplieron 14 años de una investigación que la PGR realizó sobre las actividades de Servicios Aéreos Estrella (SAE). La averiguación se inició al descubrirse que desde los hangares de SAE en Toluca partieron aviones contratados por el capo Amado Carrillo Fuentes para trasladar a familiares e invitados a la boda de su hermana Aurora, en Guamuchilito, Sinaloa. Pero hay más de esta empresa y del otrora imperio de Carrillo Fuentes.

EN DICIEMBRE DE 2003 el Cisen seleccionó a SAE para comprar el Lear Jet 45 matrícula XC-VMC en el que cinco años después perecieron 16 personas, incluidos el secretario de Gobernación, Juan Camilo Mouriño, y el zar antidrogas, José Luis Santiago Vasconcelos.

SAE, entre otras vicisitudes, fue temporalmente inhabilitada por haber falseado información fiscal a la Secretaría de Hacienda y Crédito Público. Nuevamente estuvo así en la mira de las autoridades, que trataban de confirmar si habían existido irregularidades en la adquisición de la aeronave siniestrada el 4 de noviembre de 2008. Y es que SAE recibió el visto bueno del Cisen para triangular la compra del Lear Jet a la empresa suiza TAG, por la que facturó siete millones de dólares, más IVA, lo que hace casi siete años representaba unos 80 millones de pesos. "Esa aeronave ejecutiva usada", como reza la licitación emitida entonces, costó lo mismo que si se hubiese adquirido una de la misma serie, nueva, a la fábrica Bombardier, y resultó fatal para dos de los principales funcionarios encargados de combatir la inseguridad y el narcotráfico.

Aunque Amado Carrillo Fuentes era apodado *el Señor de los Cielos* por su capacidad de traficar drogas vía aérea y por poseer una flotilla de aviones imponente, en aquella ocasión requirió los servicios de empresas de renta de aeronaves, de las cuales él mismo tuvo algunas, ya fuera a su nombre o al de otras personas, como su esposa Sonia Barragán. Fue así que el sábado 4 de enero de 1997 SAE se vio involucrada en el vuelo de otro Lear Jet, serie 25 y matrícula XA-TBV, perteneciente a la empresa Aviación Ejecutiva Hidalgo.

Desde la base fija de operación de SAE en Toluca, el jet fue preparado para emprender el vuelo poco después de las 10 horas, según una nota que publicó la revista *Proceso* en su número 1054, de enero de 1997. Los pilotos Ignacio Chávez y Rubén Rivas Espinosa fueron retenidos e interrogados durante horas por las siguientes razones:

1. Salieron de Toluca sin reportar su plan de vuelo.

2. Fueron primero al aeropuerto de Temixco, en Morelos, en donde 15 personas abordaron la aeronave, así como un Sabre Liner

60 matrícula XA-SIJ. Había un tercer avión, otro Lear Jet LR-24, matrícula XA-FMR, pero a los pasajeros les bastaron los dos aviones mencionados. Ya habían pagado 150 mil pesos por los tres.

3. Enlaces Aeronáuticos contrató las tres naves a través del capitán Jorge Fuentes Soler. Otro contacto entre el cártel de Juárez y las compañías aéreas fue Alfonso Díaz Castro, quien pagó en efectivo el triple alquiler.

4. Ocho de los pasajeros eran guardaespaldas vestidos con uniformes negros y chaleco antibalas en los que ostentaban las siglas PJF (Policía Judicial Federal: era el sexenio de Ernesto Zedillo y aún no se fundaba la AFI).

5. En este operativo aéreo, que se quiso mantener en secreto (por ello la salida de Hidalgo a Toluca para ir a Morelos y de allí a Culiacán), se vieron involucrados Consorcio Aéreo y/o Operadora de Transporte Aéreo, Aerocopter, Aviación Ejecutiva Hidalgo, Enlaces Aeronáuticos y la otra vez investigada Servicios Aéreos Estrella.

6. Cuando almorzaban en un restaurante del aeropuerto de Culiacán en espera de órdenes de sus patrones, fueron capturados por elementos de Inteligencia Militar los pilotos Rivas Espinosa (Lear Jet 25) y José Gilberto Ramírez Camacho, además de Roberto Guajardo Rosas, del Sabre Liner.

7. Aviación Ejecutiva Hidalgo, a través de su administrador Ángel Jiménez García, se justificó entonces diciendo que basta que algún cliente pague 50 por ciento de la renta por adelantado para darle el servicio.

A principios de 1997, Amado Carrillo vio desmoronarse su imperio y alejarse la protección oficial conseguida a base de cañonazos

76

millonarios en dólares: en febrero fue capturado el general Jesús Gutiérrez Rebollo, quien no cumplía aún 100 días al frente del Instituto Nacional de Combate a las Drogas (INCD). Se le acusó de proteger, desde ese puesto y antes como jefe de zona militar que incluía a Zapopan, Jalisco, los intereses de Carrillo Fuentes, de recibir sobornos millonarios y un par de departamentos de lujo en Bosques de las Lomas en el Distrito Federal. El general atacaba con singular ímpetu al cártel de los Arellano Félix y con ello le hacía el trabajo sucio al cártel del *Señor de los Cielos*, quien el 4 de julio de ese mismo año (según la versión oficial de la PGR, que habría sido corroborada con auxilio de expertos de la DEA) pereció en un modesto hospital de Polanco, el Santa Mónica, tras una operación de liposucción y de cirugía en el rostro.[1]

Retomando la boda de la hermana de Amado Carrillo, hay que decir que en la casa materna de Guamuchilito, donde se realizó la ceremonia, fueron capturados en aquel enero de 1997, hace ya más de 13 años, 12 policías municipales de Navolato que trabajaban como guardianes de la fiesta, dos agentes federales, un policía estatal de Sinaloa, un ex agente y 10 civiles. A falta de una investigación precisa y concisa, según consta en conversaciones por radiotransmisor que fueron intervenidas en momentos previos a la incursión militar al rancho Santa Aurora (nombre de la madre

---

[1] Por azares del destino, *el Señor de los Cielos*, que había ingresado al hospital con nombre falso, no se encontró con elementos de la policía, lo que hubiera suscitado un enfrentamiento allí mismo, y es que la esposa del entonces procurador, Jorge Madrazo, tenía programada otra intervención quirúrgica, que de última hora fue cambiada de fecha.

de Amado Carrillo, de la hija y de la santa patrona), el comandante de la IX Zona Militar, Guillermo Martínez Nolasco, ordenó sembrar cocaína, mariguana y armas en el rancho.

Al final, de nada sirvió la colocación ilegal de drogas y rifles, pues cuatro días después salieron libres los 12 municipales y los nueve civiles. Con el tiempo, todo mundo recuperó la libertad. Doña Aurora, madre de Amado, juró ante cámaras y micrófonos de Televisa que su hijo jamás estuvo en la fiesta y que tenía años de no verlo. Mentía abiertamente: la verdad es que Amado Carrillo escapó de la boda sin problema alguno, pues se le puso sobre alerta ante la inminencia del operativo. Con el paso del tiempo se publicaron fotos de la boda en las que, obviamente, el centro de todas las atenciones era Amado Carrillo Fuentes, de cuya muerte una buena parte de la sociedad mexicana sigue descreyendo hasta el día de hoy. Circulan rumores que lo ubican viviendo en Argentina, Rusia, Cuba o Sudáfrica.

Otra prefabricación similar le montó el gobierno de Carlos Salinas al líder petrolero Joaquín Hernández Galicia *la Quina*, en enero de 1989; en el montaje inclusive se puso el cadáver de un ex agente del ministerio público para decir que ese abogado, Eduardo Zamora Arrioja, había muerto en Ciudad Madero, Tamaulipas, durante una balacera que nunca ocurrió.

PERO VOLVAMOS A Culiacán y a los sepelios que interesan para esta historia. Tres semanas después de la violenta muerte del *Barbas* Beltrán, un cortejo fúnebre fue atacado por varios pistoleros. Era la una de la tarde del 5 de enero de 2010 y los autos y camionetas de los deudos transitaban por la avenida Álvaro Obregón cuando fueron atacados por el comando de 40 sicarios, prácticamente a la entrada del lujoso fraccionamiento Las Ventanas.

El féretro que encabezaba la marcha fúnebre preservaba los restos mortales del empresario taquero Julio César Ortiz Araujo, que lograron ser resguardados y custodiados por policías, en el estacionamiento de un centro comercial, mientras terminaba el tiroteo. Muchos autos y coronas mortuorias fueron abandonados en la vía pública durante horas. Cuando intentó protestar y luego huir, la hermana del difunto, María de Jesús Ortiz Araujo, fue ejecutada a mansalva por los sicarios. En una acción simultánea, otro comando atacó a quienes aguardaban ese mismo cortejo en el Parque Funerario San Martín, en la salida sur de Culiacán. En ese lugar fue ejecutado Gabino Elenes Torres y José Ubaldo Tapia López fue herido. "Ya ni los muertos se libran de las balaceras", me dijo un viejo agricultor cuando apareció el ataque como nota principal en los periódicos locales.

Y es que una mesa de amigos acudió a las remembranzas y al cruce de apellidos para sacar conjeturas sobre el porqué de esta acción a pleno sol y en una de las ciudades capitales más vigiladas por el Ejército y la policía en toda la República. Pero no se consiguió algún detenido o pista durante los días posteriores, aunque seguramente había videocámaras en el centro comercial y, por supuesto, en la entrada del conjunto residencial Las Ventanas, donde habitan poderosos empresarios y políticos.

El empresario Ortiz Araujo había sido secuestrado el 31 de diciembre de 2009 en las inmediaciones de su casa. Su cuerpo, cosido a balazos, apareció el 2 de enero en una parcela del ejido Canán, sindicatura de Costa Rica. Su segundo apellido conduce al de un legendario capo del cártel de Sinaloa: Gonzalo *el Chalo* Araujo Payán, quien fue liquidado en su casa de Culiacán en octubre de 2006, en un acto que se quiso hacer pasar por un suicidio. Cuando el balazo le entró por la nuca, tenía 48 años y estaba en la lista de los más buscados difundida por la PGR. Su hermano Victoriano Araujo fue asesinado un domingo de julio de 2008, en la cárcel de Aguaruto, Sinaloa, donde estaba recluido desde noviembre de 2006. Había sido llamado con engaños a la comandancia del penal y allí mismo fue acribillado por otros reclusos que se refugiaron en las mismas celdas de las que habían salido. Su sobrino, Fernando Gaxiola, también recibió dos balazos. El hijo del *Chalo* Araujo, Miguel Emilio, tenía 17 años cuando apareció muerto y encobijado, junto con otro joven, de un grupo de seis que fueron "levantados" en el fraccionamiento Las Quintas. El 31 de agosto de 2008 los cuerpos fueron hallados en un predio a 100 metros del palacio de Gobierno. Tenían un mensaje amenazante contra *Gonzaíto* Araujo y firmado por Arturo Beltrán Leyva. Por supuesto, no todo lo que dicen cartulinas, narcomantas y cuerpos corresponde a la estricta realidad, pero es lo que entonces se reportó, igual que entre los todavía desaparecidos estaba Erick Jaciel Beltrán Tapia.

Otro hijo del *Chalo* Araujo (los tuvo por todas partes y con varias mujeres), Gonzalo Octavio Araujo Zazueta, de 21 años, a quien apodaban *Chalito*, estaba ni más ni menos que con Arturo Beltrán Leyva en el condominio de Cuernavaca donde el capo fue acribillado por infantes de la Marina. El reporte oficial indicó que ese 16 de diciembre, en medio de la refriega, *el Chalito* optó por suicidarse, arrojándose desde una ventana. Hay otra versión que lo ubicaba dándose un tiro en la cabeza y, simultáneamente, saltando al vacío.

Sin embargo, la verdad del forense es otra: el acta 2283, firmada por peritos y por el ministerio público José Yquera Ortega, registra que el joven cuerpo tiene tres impactos de bala, uno en el abdomen, otro en el tórax y uno más en el cráneo. "Perforación cardiaca secundaria a una herida producida por proyectil de arma de fuego penetrante de tórax [...] que cursó con otras heridas por proyectil de arma de fuego penetrantes de cráneo y abdomen." Este dato corrobora, además, que la incursión de los cuerpos de élite de la Armada se diseñó con el fin específico de liquidar a los ocupantes del departamento, pues la versión del suicidio del *Chalito* intentaba restarle ferocidad al ataque perpetrado por los marinos.

En algunas ocasiones los corridos también ayudan a construir la versión oficial. Como sucedió con la muerte del *Chalo* Araujo, en 2006, de la que ya hemos hablado. Meses después de ésta, se hicieron famosas la letra y la música cantadas por Roberto Tapia y Los Amigos del M, que decían así:

Nunca pensé que esto pasaría / que se quitara la vida. / Araujo era su apellido / Gonzalo el nombre de pila / conocido como *Chalo* / mucha gente lo quería. / Fue pistolero de don Emilio / *el Barón de Babunica*. / Muy amigo de Zambada / del *Chapo* y de mucha clica. / Era de los más buscados / la prensa así lo decía...

El Barón de Babunica podría ser Juan José *el Azul* Esparragoza, reputado como el más cerebral y conciliador de los capos de Sinaloa. Ni siquiera este inteligente negociador, al cual no se atribuye haber ordenado o perpetrado matanzas, ataques masivos ni venganzas, se libró de las hostilidades de los Beltrán y estuvo a punto de caer en una emboscada en 2009. Curiosamente el corridista no aludía al mencionado sino al capo Emilio Quintero Payán.

Aunque muchos apellidos se entrecruzan en una maraña inextricable en Sinaloa (Payán, Quintero, Caro, Beltrán, Guzmán, Gaxiola, Verdugo, Félix, Carrillo), hay algunos que sugieren más que otros. Y Araujo lo que sugiere, además de las historias contadas arriba, es que el padre de los Beltrán Leyva, buscado por cielo, mar y tierra, se llama Carlos Beltrán Araujo.

El pacto de Mouriño

El martes 13 de mayo de 2008, seis meses antes de que perdiera la vida en un percance aéreo esta joven promesa del Partido Acción Nacional para la sucesión presidencial de 2012, en su carácter de secretario de Gobernación Juan Camilo Mouriño presidió en Sinaloa una reunión urgente con el gabinete de seguridad nacional, convocada después de las que habían tenido lugar, el viernes 9 del mismo mes, en Tijuana, Baja California, y en la capital de Chihuahua.

El discurso de aquel día no supo evadir los lugares comunes: el gobierno de la República no dará ni un paso atrás en la lucha contra el crimen organizado, al que combatirá con toda la fuerza del Estado. La violencia, la guerra entre los cárteles del narcotráfico, así como las ejecuciones "son síntomas de que la criminalidad ha sido debilitada". Hoy los traficantes buscan recuperar los espacios de operación e impunidad que les han sido quitados por el gobierno. Las palabras que a Mouriño le dictaban sus asesores eran idénticas a las utilizadas por Felipe Calderón para hablar de la "guerra al narco" que se había decretado desde Los Pinos: "La violencia con la que están respondiendo los delincuentes es un signo inequívoco de su desesperación".

Uno de los acuerdos que emergieron de la citada cumbre fue el de enviar 2 mil 723 elementos de las fuerzas federales al operativo Culiacán-Navolato: mil 433 soldados, 740 agentes de la SSP federal, 500 marinos y 50 peritos, investigadores y agentes del ministerio público integrarían esta fuerza que, se quiso pensar desde los escritorios de los burócratas de la seguridad pública, avasallaría al enemigo. Pero para junio, apenas un mes después de la reunión urgente, el resultado del operativo era un desastre: varios agentes federales acababan de acudir a una llamada anónima de auxilio y habían sido emboscados como mansas ovejas. Las ocho muertes de servidores públicos que dejó la trampa trajeron consigo, según las personas mejor informadas de Sinaloa, dos consecuencias inmediatas, una de las cuales es pública y otra que sería secreta, a primera vista contradictorias: la terquedad de la autoridad y el establecimiento de comunicaciones entre ésta y, por lo menos, uno de los grandes barones del tráfico de drogas.

La política de entercamiento gubernamental, la del "más de lo mismo", implicó así la asignación de otro millar de soldados y policías a Sinaloa. Al mismo tiempo, poco más de un centenar de agentes federales encapuchados se rebelaba contra sus jefes, pues no habían recibido ni el pago de sus salarios ni el de los viáticos prometidos, vaya, que ni siquiera eran ya alimentados, pues la comida que durante un tiempo les proporcionó la zona militar en la que estaban cesó; el Ejército decidió retirarles el servicio de comedor cuando no recibió el pago correspondiente por parte de la PGR y la SSP.

La segunda consecuencia, como se asegura entre los sinaloenses mejor enterados, implicó el encuentro del *Chapo* Guzmán con Juan Camilo Mouriño, quienes en esa cita llegaron al acuerdo que hoy rige entre traficantes y gobierno. Para encontrarse, el capo nacido en La Tuna hubo de traspasar varios retenes y círculos de seguridad castrense, lo que hizo, previo acuerdo con las autoridades, disfrazado de militar. Se trataba de no despertar suspicacias y de pasar inadvertido hasta llegar al sitio de la reunión. Los contertulios sinaloenses refieren dos cónclaves que el gobierno federal sostuvo con autoridades locales: uno fue el 13 de mayo de 2008, cuando se decidió echar a andar el operativo Culiacán-Navolato, y otro el 3 de julio siguiente, en el que se evaluaron sus resultados. Desde entonces se da por cierto que existe un pacto entre el gobierno y el cártel de Pacífico.

"Haiga sido como haiga sido", por medio de un pacto o sin éste, la *vox pópuli* le atribuye al *Chapo* haber proporcionado al gobierno las referencias necesarias para los importantísimos arrestos de algunos de los personajes más poderosos del narcotráfico: Miguel Ángel Caro Quintero, hermano de Rafael, preso desde hace 25 años y sin la más mínima oportunidad de obtener su libertad pues sus sentencias se acumulan una detrás de otra, y *el Mochomo* Beltrán Leyva. Por pura lógica, los analistas infieren que fue Joaquín Guzmán quien aportó también los elementos para quitar de en medio a sus enemigos acérrimos: Arturo y Carlos Beltrán Leyva.

De entre las fuentes que aseguran la veracidad de la información aquí vertida, por lo menos tres hablan con certeza del acuerdo previo al que el capo había llegado, durante el sexenio anterior, para su liberación. Inclusive mencionan la cantidad que implicó el arreglo que propició la fuga del *Chapo*, permitiéndole continuar en el tráfico de drogas: 40 millones de dólares. Este pacto se habría signado poco antes de que Vicente Fox asumiera el poder con varios personeros del entonces presidente electo. Este dato también fue divulgado, en noviembre y diciembre del año 2000, por una mujer mayor, familiar de quien luego sería nombrado *el Capo del Sexenio*. La mujer solía entonces repetir: "Joaquincito ya pronto estará otra vez entre nosotros".

EN EL MUNDO DEL TRÁFICO de drogas hay ciertas coincidencias que a fuerza de repetirse no parecen ser tales. Y es que la millonaria cantidad pagada por *el Chapo* para fugarse es exactamente la misma que, según un número de la revista *Proceso* de mayo de 1995, habría recibido de parte del cártel de Cali la campaña priísta de Ernesto Zedillo Ponce de León, candidato sustituto del asesinado Luis Donaldo Colosio. La información publicada entonces se basaba en revelaciones de Peter Lupsha,[1] de la Universidad de Nuevo México. El catedrático afirmaba la existencia de dos embarques con 40 millones de dólares enviados a México por la organización mencionada, a nombre del capo colombiano Miguel Rodríguez Ore-

---

[1] A su vez, la fuente de Lupsha era Sandy González, agente de la DEA.

juela, quien quería "garantizar una posición favorable y protegida del nuevo gobierno" hacia su grupo criminal.

Dos años después de esa publicación, el general Jesús Gutiérrez Rebollo acusaría a la familia del presidente Zedillo de tener nexos con el narcotráfico, específicamente con los hermanos Amezcua Contreras, capos del entonces denominado cártel de Colima, el más importante exportador de efedrina, metanfetaminas y drogas sintéticas hacia Estados Unidos, donde habrían incluso instalado decenas de laboratorios, según informes de la DEA. Descubrir este vínculo le habría costado a Gutiérrez Rebollo ser detenido, en febrero de 1997, antes de cumplir tres meses al frente del Instituto Nacional de Combate a las Drogas. Al militar se le culpó de recibir dinero y propiedades por parte de Amado Carrillo Fuentes a cambio de eliminar a sus enemigos del cártel de los Arellano Félix.

Un templo para doña Consuelo

Un buen día, no hace mucho tiempo, *el Chapo* encontró a la intemperie a su madre doña Consuelo Loera de Guzmán.[1] acompañada de varias mujeres más de La Tuna, sitio donde nació el capo y en el que su familia vivió durante muchos años: "No tenemos en dónde orar —respondió la señora cuando su hijo Joaquín le preguntó qué hacían bajo el rayo del sol—. Danos un cuartito para que podamos reunirnos con las hermanas…"

Poco tiempo después de la petición de la madre del *Chapo*, uno tras otro empezaron a llegar los camiones con los materiales para la construcción proyectada; previamente se tuvieron que hacer nuevos caminos para que pudieran transitar hasta La Tuna. Los vehícu-

---

[1] Doña Consuelo practica la religión evangélica, que exige la observancia estricta de ciertos preceptos y prohibiciones. Los evangélicos, por ejemplo, no fuman, no beben licor, no acuden al cine, no participan en bailes, no pronuncian malas palabras porque son blasfemias y las mujeres no utilizan pantalones ceñidos al cuerpo.

los transportaban cemento, varilla, cantera, madera, en suma, todo lo requerido por el templo que sería erigido y que habría de convertirse en un centro de convenciones y servicios ceremoniales al que hoy acuden fieles de más de 200 kilómetros a la redonda y de varios estados vecinos como Durango, Sonora, Chihuahua, Jalisco, Colima y Nayarit.

En el templo, cuyo número de hermanas y hermanos creció de manera desorbitada, no hay imágenes ni esculturas, tampoco hay crucifijos, vírgenes ni santos. Y es que los adeptos evangélicos cantan, rezan, predican e interpretan la Biblia sin mayores intermediarios, su religiosidad recuerda a la de los primeros cristianos de las catacumbas. Hasta las estribaciones serranas viajan los ministros de este culto, que en ocasiones incluso han sido auxiliados por hombres armados, cuando se les descompone o atasca el vehículo. Los caminos a La Tuna están rigurosamente vigilados y los creyentes no tienen problema alguno al circular hacia su centro ceremonial. Son órdenes directas del jefe.

Los evangélicos enfatizan la experiencia personal en la conversión, su fe está orientada en la lectura de la Biblia. Sus representantes a nivel nacional denunciaron persecución durante 2009 en Chiapas, Hidalgo, Oaxaca, Nayarit y Guerrero. Se quejaron de que grupos hegemónicos católicos en diversas comunidades exigen cooperación a evangélicos humildes para las fiestas religiosas que les son ajenas. Aun con los problemas que en toda América Latina enfrentan los evangélicos, hay lugares donde su crecimiento se ha acelerado y poco a poco se han convertido en una mayoría.

Aunque pudiera ser una simple coincidencia, en agosto de 2009 se hizo pública la información de que, en la región del Chaco, Argentina, la mexicana María Alejandra López Madrid quería ceder el templo evangélico de La Roca a "un pastor mexicano vinculado con el narcotráfico", cuyo nombre era Jerónimo López Valdez, a quien se presentaba en el lugar como un profeta. López Valdez pretendía tomar la iglesia como fachada para otros fines, mediante la entrega de recursos multimillonarios.

El encargado del templo, Gilberto Monzón, denunció a María López Madrid "como cabecilla del cártel mexicano de Sinaloa". Poco tiempo después, esta mujer fue arrestada en Paraguay —desde donde hoy se busca extraditarla a Argentina— bajo la acusación de tener vínculos con el tráfico de efedrina. Este hecho ha dejado de manifiesto "lo que en su momento denunció Claudio Izaguirre, de la Asociación Argentina Antidrogas: que el cártel mencionado utiliza los templos religiosos como una fachada, ya que a través de donaciones hacia las instituciones religiosas y hacia otras fundaciones se efectivizaría el pago de los envíos de efedrina al exterior", como se lee en alguna de las notas periodísticas del caso.

María López y el pastor López Valdez, ambos mexicanos, "querían explicar todos los beneficios que recibiría el templo, dijeron que viajarían a Paraguay y que a su regreso la iglesia iba a ser muy próspera", apunta un reportaje de *La Voz del Chaco*. Esto ocurría a principios de 2009, poco antes de que ella fuera detenida, el 2 de mayo, por grupos antidroga en el aeropuerto internacional de Asunción, Paraguay. El delegado de la Asociación Antidrogas, Miguel Chamorro, llamó la atención sobre la injerencia del subsecretario de Culto de la provincia, José Mongeló, quien canalizó subsidios millonarios a la iglesia como un buen pretexto para sugerir que el pastor mexicano se encargase del templo.

Así pues, la Iglesia Evangélica del Nuevo Milenio de Resistencia, en el Chaco, Argentina, quiso ser utilizada como una "pantalla" para el giro de divisas hacia el exterior y para el lavado de dinero, concluyó el presidente de la Asociación Antidrogas de la República Argentina, Claudio Izaguirre. El escándalo que provocó el intento del presunto pastor mexicano, Jerónimo López Valdez, atrajo a periodistas, activistas sociales y policías de todo el país. La mexicana María Alejandra López Madrid, hoy presa en Paraguay, había llegado al Chaco apenas un par de años antes en calidad de lugarteniente, según todas las referencias públicas que hay del caso, del capo sinaloense.

Recientemente, el *Dow Jones Newswires* publicó que el pueblo de La Tuna, donde nació *el Chapo*, no ha cambiado mucho "excepto por la construcción tipo búnker que Guzmán mandó edificar para su madre y un templo evangélico para el grupo religioso con el que se reúne la señora". Los periodistas David Luhnow y José de Córdoba describen a Joaquín Guzmán como un héroe del narco local, "en parte Al Capone y en parte Jesse James", celebrado en videos colgados en YouTube y por músicos que componen corridos en su honor. De niño era tan pobre que vendía naranjas para comer, afirman, pero desde entonces "el hombre de 52 años ha construido un imperio y una fortuna personal" que lo colocó en la lista de los magnates globales de la revista *Forbes*. Hoy tiene vínculos con el crimen organizado "en 23 países, de acuerdo con autoridades de México y Estados Unidos".

Los mismos reporteros, que también jalan de las pistas evangélicas, aseguran que el factor fundamental que contribuye a que no se le pueda atrapar es que "ha sobornado lo suficiente a oficiales del Ejército y de la policía mexicana para obtener pistas oportunas que le permitan evadir su captura". La tarea de encontrarlo, durante los últimos nueve años, "se parece un poco a la de hallar a Osama Bin Laden en las montañas de Pakistán", rematan los periodistas.

La conexión argentina

Mientras en México las especulaciones en torno al supuesto "fin del cártel de los Beltrán Leyva" ocupaban la atención de los medios y las autoridades, casi pasó inadvertida una noticia procedente de Argentina, que decía lo siguiente: "Este diciembre, por segunda vez, ha sido detenido el padre del actor local Mariano Martínez, acusado en un proceso que intenta recomponer la trama de una red de traficantes de efedrina vinculada al cártel de Sinaloa, que ya cobró al menos tres muertes en el país".

Ricardo Martínez ya había sido arrestado en 2008, en una causa que investiga la denominada "ruta de la efedrina", que en total acumula 24 arrestos. El padre del exitoso actor de *Son de Fierro* y de la obra teatral *Closer* volvió a ser aprehendido el 25 de diciembre por orden del juez Adrián González Charvay. Y es que un testigo de la causa señaló a *Ricky* Martínez como el proveedor de efedrina del empresario Sebastián Forza, asesinado junto a otros dos jóvenes ejecutivos, Damián Ferrón y Leopoldo Bina, cuyos cadáveres fueron abandonados al lado de una carretera de las afueras de Buenos Aires, el 13 de agosto de 2008, en la localidad de General Rodríguez.

El 20 de diciembre de 2009, para casi todos los mexicanos también pasó de noche —a pesar de estar íntimamente ligada con la muy reciente muerte de Arturo Beltrán Leyva— la noticia del arresto de tres de los cuatro presuntos autores de los asesinatos de Forza, Ferrón y Bina, quienes habrían estado vendiendo cargas de efedrina a los traficantes mexicanos que habían montado diversos laboratorios en la nación sudamericana, uno de los cuales estaría ubicado en una quinta del sitio llamado Ingeniero Maschwitz. Cristian Daniel Lanatta y los hermanos Víctor Gabriel y Marcelo Schillacci fueron los ejecutores del secuestro y asesinato de los empresarios ligados con los laboratorios farmacéuticos de donde se sacaban los precursores para fabricar las metanfetaminas.

A pesar de los tres arrestos mencionados, hoy continúa prófugo Martín Lanatta, hermano de Cristian. El fiscal Juan Ignacio Bidone dijo que el caso está aún en la fase uno, lejos, pues, de estar cerrado. El crimen tuvo tres motivaciones: "Una vinculada a la mesa de dinero, otra a una deuda por la mafia de los medicamentos y una tercera por la comercialización de la efedrina, que fue el verdadero detonante", explicó Bidone.

Regresemos un poco y expliquemos algunas cosas. El día de su secuestro, 7 de agosto de 2008, los empresarios argentinos habían sido citados en un Walmart ubicado en Quilmes por un mexicano que no llegó a la reunión. Durante varios días los empresarios permanecieron cautivos, presumiblemente en un chalet propiedad de

Cristian Lanatta, el cual ya fue cateado por la policía. La camioneta de Ferrón, una Gran Vitara, fue incendiada y abandonada en la zona porteña de Flores y el automóvil de Forza fue abandonado en otro suburbio bonaerense.

El testimonio del ex policía José Luis Salerno aludió a una reunión anterior de los argentinos con el traficante mexicano que se hacía llamar Rodrigo. En esta reunión, que tuvo lugar el 25 de julio de 2008, el mexicano salió furioso, y buena parte de su coraje era contra Bina, quien era su empleado y el encargado de cerrar los tratos de los envíos semanales de 400 kilogramos de efedrina. En cuanto Rodrigo se fue del lugar, Forza le pidió a Bina que mejor trabajara para él, es decir, quería quitarle el negocio al mexicano, asegura Salerno. El diario argentino *Crítica* publicó en las mismas fechas que Sebastián Forza había aportado 118 mil dólares a la campaña a la Presidencia de Cristina Fernández de Kirchner. Por su parte, la revista *Proceso* explicó de la siguiente manera la llegada de personeros del cártel de Sinaloa hasta Buenos Aires, adonde iban en busca de efedrina: "El precio de un kilo de efedrina es de 100 dólares en Argentina, mientras que en México es de hasta 10 mil dólares. Los narcos sacaron cuentas y enviaron a sus hombres".

Todo este enredo criminal estuvo precedido por el arresto de nueve mexicanos, la mayoría procedentes de Guanajuato, de oficio curtidores y albañiles que, según las autoridades argentinas, eran los "cocineros" de la efedrina y de los precursores químicos necesarios para fabricar las metanfetaminas y demás drogas de diseño. Sólo un argentino que murió al año siguiente en prisión fue capturado con ellos: Luis Marcelo Tarzia.

A finales de 2009, el fiscal Bidone ordenó investigar si la casa de Cristian Lanatta, donde hay un taller de autos y cuenta con una sala presurizada para probar motores, fue el sitio en donde se cometió el triple crimen asociado al cártel de Sinaloa, que el ministro de Seguridad de Buenos Aires, Carlos Stornelli, enmarcó dentro de la figura del "sicariato": ejecuciones por encargo, como la de dos colombianos victimados por las mismas fechas en el bonaerense Shopping Unicenter.

Entre todo esto, lo más relevante, para lo que toca a México y al caso que aquí nos interesa, es que el 30 de septiembre de 2008 fue capturado, en Paraguay, un personaje al que se señala como uno de los jefes de la conexión del cártel de Sinaloa en Argentina, Jesús Martínez Espinoza, a quien se atribuyó la propiedad del sitio en el que fueron detenidos nueve paisanos suyos y el argentino Tarzia, entonces de 62 años. Martínez Espinoza fue extraditado a Argentina; los medios publicaron que se había practicado una cirugía plástica para modificar su rostro y evitar así ser arrestado en México, donde se le sigue un proceso por secuestro en el estado de Puebla. Sus abogados alegan que se trata de un homónimo.

Un expediente poco difundido, sin embargo, menciona transferencias de fondos de Martínez y Tarzia hacia México. Inclusive, este documento los relaciona con el caso del DC-9 decomisado el 10 de abril de 2006 en Ciudad del Carmen, Campeche, con 5 mil 658 kilogramos de cocaína. La aeronave, asegura el expediente, habría salido del aeropuerto de Maiquetía, en Venezuela, hacia Colombia, lugar en donde cargaría la droga antes de levantar de nuevo el vuelo con rumbo a Mérida o Chetumal, sin saber entonces que debería desviarse a Ciudad del Carmen, al ser alertada de que había estrecha vigilancia en los aeropuertos de Yucatán y Quintana Roo.

El piloto venezolano Miguel Vázquez Guerra conducía el DC-9, matrícula N900SA, perteneciente a la empresa estadounidense Fly, misma que resultó ser un fantasma y la cual se contrató, a través de una firma, también inexistente, de Guadalajara. El otro operador del vuelo, que logró escapar, era Carmelo Vázquez, hermano del primero, quien dos años después aparecería en Guinea Bissau, sorprendido al aterrizar otro avión cargado con media tonelada de cocaína, un Grumman II, matrícula N351SE, también procedente de Maiquetía. Cuando las autoridades de la cancillería mexicana quisieron pedir la extradición de Carmelo, éste ya había sido dejado en libertad por un juez corrupto y por los buenos oficios de los traficantes que llegaron a pagar las fianzas y los sobornos requeridos.

Volviendo a Juan Jesús Martínez Espinoza o Juan Jesús Preciado Espinoza, cualquiera que sea su nombre, hay que decir que tiene su propia página web, creada por su hija, Jéssica Preciado Soltero, en la que defiende su inocencia y afirma ser un empresario que llegó a Argentina para tratar de hacer negocios lícitos (manufactura y exportación de artículos de cuero, así como la instalación de un restaurante), pero fue atrapado por un sistema "que requería fabricar a un súper capo del narcotráfico mexicano". Ya describimos, en renglones anteriores, lo que asegura la justicia del país sudamericano. Veamos ahora por qué en México este caso ni siquiera ha merecido las primeras planas de los periódicos. Y es que a la luz de este presunto nexo entre Buenos Aires y Sinaloa es necesario que contemos la versión de los hijos del encarcelado en la prisión de Marcos Paz, a cuya defensa renunció sin aviso de por medio el abogado Francisco Chiarelli.[1] El empresario habría llegado, según sus hijos, a un país hermano solamente para sufrir hostigamiento y discriminación:

> Hola. Esta es la página de un hombre acusado de muchos delitos, ninguno de ellos con pruebas; un hombre al que le dicen traficante de drogas, químico elaborador de drogas, etc. Hasta de asesino lo tachó un tiempo la prensa. Ese mismo "monstruo" que inventaron está preso por querer empezar una nueva vida en Argentina lejos de los secuestros, asaltos, asesinatos y todo el horror que hay en nuestro país, México.
>
> Llegó mi papá a Argentina y compró una casa que sería mi regalo [cuenta Jéssica]. La puso a su nombre obviamente, pues yo me encontraba en México. Se llevó de México a hombres que vivían en la pobreza extrema para que remodelaran la casa y después entraran a trabajar en el restaurante que tenía planeado abrir en Buenos Aires y después llevaran a sus familias con ellos a un país más limpio, donde no había el miedo que existe en México hasta para salir a la calle.
>
> Mi papá viajaba a los países vecinos pues le encanta conocer al igual que cualquier turista común y corriente. Llevó a mi mamá y mi hermanito a conocer Argentina. En ese entonces yo tenía un novio llamado Marco Aurelio Lailson Rizo. Él viajaba mucho a Argen-

[1] Juzgue usted por sí mismo si las imputaciones son certeras y hay razón para preocuparse como país o si se trata de un asunto mediático para alimentar el morbo de los argentinos

tina, pues según él sus papás tenían negocios de pieles... ¿Cuántas veces nos involucramos con personas y sólo creemos lo que sale de su boca? A todos nos ha pasado. Me pasó a mí, confiaba en él y mis papás también. En uno de los viajes de Marco hacia Argentina fue a conocer la casa que mi mamá remodelaba y le dijo que estaba iniciando un negocio de cosméticos y que si por favor le alquilaba dos habitaciones de la casa para ir guardando muestras y cosas sobre belleza. Mi papá ni siquiera le cuestionó, pues era su yerno. Después de algún tiempo, de allí emanaba un olor ácido y muy fuerte. Los trabajadores le comentaron a mi papá que quizás algo estaba podrido y mi papá le intentó llamar a Marco varias veces sin éxito.

Mi papá dio el consentimiento que violaran las cerraduras y sacaran todo lo que hubiera dentro de esas dos habitaciones hacia la terraza, pues estaba más ventilado, y volvió a llamar a Marco; esta ocasión sí lo encontró y le reclamó de todo lo que habían encontrado que no parecía nada de cosmética y que fuera por todas sus cosas. Fue una discusión fuerte, pues Marco lo mandó al diablo y los trabajadores irían a tirar todo por la mañana, ya que se había hecho muy noche.

Esa noche dormían cuando llegó el grupo especial Halcón y la policía de Buenos Aires a golpearles horriblemente y llevárselos presos sin ninguna explicación. A uno de los trabajadores le rompieron la nariz, los dedos. Fue algo brutal y existen fotos de todo esto. Inclusive el noticiero TN las puso al aire. Los mantuvieron sin agua ni comida en un lugar sin techo por más de tres días. Era invierno. Fue ahí que nos enteramos por las noticias que esas cosas que tenía mi ahora ex novio eran para elaborar efedrina, mas nunca se encontró efedrina ni alguna droga en la casa. Había dinero para terminar de pagar una parte de la casa y fue robado (casi 70 mil dólares). Uno de los trabajadores tenía apenas 4 horas en Argentina y sigue preso (año y medio después).

Ésta es la justificación familiar que describe lo que se supone ocurrió en Argentina y que apenas difiere de lo que se ve cotidianamente en México. En lo personal, me causa desconfianza que, en aproximadamente 20 páginas del sitio web referido, jamás se mencione el lugar en donde Juan Jesús tenía sus negocios en México ni tampoco el lugar donde nació, también me genera dudas que se omita la cantidad que pensaba invertir y cómo la había obtenido; no existe ninguna explicación confiable de por qué había tanto dinero en efectivo y en dólares el día del cateo. Sin embargo, hay algunos elementos de la acusación que podrían producir sospechas: ¿dónde está Marco Lailson? ¿Quién es en realidad? ¿Para quién trabaja? El juez Federico Faggionato, por ejemplo, fue calificado por el acusado mexicano de ser "corrupto y criminal", de ser la cabeza de una red de "corrupción organizada para la extorsión a través de causas penales". Tuviera o no razón el acusado, lo cierto es que el juez fue destituido y que en su lugar hoy está la jueza federal de San Isidro, Sandra Arroyo.

No cabe duda alguna de que los traficantes mexicanos operan en casi medio centenar de países del mundo, como ha confirmado el experto Edgardo Buscaglia, la pregunta sigue siendo cómo. Para responderla puede servir, por ejemplo, una noticia proveniente de Uruguay, sobre la captura de un cargamento de 142 kilos de cocaína que llegó en una avioneta Cessna 210, habilitada con dos tambos adicionales de combustible, para conseguir más autonomía de vuelo desde Bolivia. Supuestamente alquilada, la aeronave tenía "un corazón hueco, en el rotor, en el que podrían haber viajado, desde Montevideo hasta México, unos 300 kilos de droga", narraba en septiembre de 2008 la página digital de *Crítica*.

Igual que en el caso del DC-9 capturado en Ciudad del Carmen, los paquetes del alcaloide venían marcados para los clientes: con palomas, escorpiones y peces en el caso de Campeche y con cáliz y tréboles en el caso de los envoltorios herméticos encontrados en el paraje La Concordia, Soriano, al oeste de Uruguay.

Otro caso que también podemos mencionar, aunque hay que analizarlo con la misma reticencia que nos provoca el mediático manejo del cártel de Sinaloa "adueñado" del tráfico de efedrina desde Buenos Aires, es el de las declaraciones oficiales que desde Bogotá hizo el director de la Policía Nacional Colombiana, el general Óscar Naranjo, quien afirmó que la muerte de Arturo Beltrán Leyva ayudará a debilitar "la relación estructural" entre los traficantes mexicanos y colombianos. Esta "relación estructural" se estableció entre el cártel de los Beltrán y algunos grupos traficantes colombianos en oposición al cártel de Sinaloa y sus relaciones. Por eso en Colombia se aseguró: "Nos da tranquilidad y satisfacción que los vínculos de cárteles mexicanos con organizaciones colombianas se debilitan significativamente".

Los nexos de los que aquí se habla, recordó el general Naranjo, comenzaron a dinamitarse en agosto de 2008, cuando fue capturado en México Ever Villafañe, enlace entre el cártel colombiano del

Norte del Valle con los hermanos Beltrán Leyva y encargado de que la droga que llegaba desde el Pacífico colombiano les permitiera a los Beltrán suministrar cocaína a sus clientes en Estados Unidos y Europa. Extrañamente, el general no mencionó nunca a *la Reina del Pacífico* ni a su pareja sentimental, el colombiano Juan Diego *el Tigre* Espinosa Ramírez, a quienes se les atribuyen en México, y es por ello que están en prisión, tanto nexos con traficantes de aquel país como haber participado en el envío y recepción de un cargamento histórico: nueve toneladas de cocaína en el barco *El Macel*, capturado frente a las costas mexicanas.

La conexión judía

A través de por lo menos 26 "agencias financieras ilegales", el cártel de Sinaloa realizó 46 mil 169 operaciones bancarias y extrabancarias con dinero procedente de Argentina, Chile y Uruguay. Un par de periodistas judíos lograron establecer un nexo entre líderes ortodoxos del judaísmo argentino y los jefes del cártel de Sinaloa.

La pista que éstos siguieron surgió cuando se detectó el blanqueo de capitales operado por el rabino ortodoxo Samuel León Levín y las casas de inversión que, según la autoridad argentina, pertenecen al cártel de Sinaloa. Jorge Boimvaser y Daniel Schitman, que tienen el portal de internet *La Voz y la Opinión*, fueron los periodistas que lograron establecer la alianza financiera entre el rabino de Argentina y los sinaloenses.

Según fuentes de inteligencia mexicanas y organismos financieros internacionales, el rabino León Levín operaba mediante una bien estructurada y poderosa red de testaferros, entre los que la policía logró ubicar a:

105

1. Tomás Saig, titular de una agencia e viajes que tramita usualmente los movimientos del rabino Levín en el exterior.

2. Ángel Mauricio Barman, comerciante de juguetes y contador de la Asociación de Mutuales Israelitas Argentinas (AMIA).

3. Bernardo Sugman, funcionario de la propia AMIA, especialista en operaciones financieras y asesor de bolsa.

4. Manuel Davidovich, asesor financiero al mismo tiempo que vocal del Bloque Unido Religioso.

El sistema utilizado consistía en declarar donaciones recibidas en organizaciones y colegios, derivándolas luego para su manejo en mesas de dinero, desde donde entraban a circuitos financieros que terminaban por desembocar en las casas operadoras de capitales del cártel de Sinaloa. "Esta forma de manejo y triangulación fue difícil de detectar", escribió el analista Daniel Orejano en el blog *Expresión Ciudadana de Argentina*, a lo que añadió: "Pero una vez que los investigadores hallaron la punta del ovillo, fueron descubriendo la red internacional tejida entre el rabinato judío ortodoxo de Buenos Aires, sus pares de Uruguay y Chile, y los poderosos barones de la droga en México".

Según Orejano, este descubrimiento nada sospechoso de ser discriminatorio o un ataque al judaísmo argentino,

es una denuncia correctamente fundamentada en momentos en que la Argentina corre el riesgo de que, con la futura ley de blanqueo de capitales indiscriminados, se hagan posibles maniobras de ingreso de divisas al país, provenientes de los negocios sucios habituales que pululan por el continente, como tráficos de drogas, armas y otros crímenes.

El artículo, escrito en 2009, recuerda las consecuencias del eterno conflicto bélico entre Israel y los palestinos, a lo que se sumó el fundamentalismo islámico iraní que hizo estallar la embajada de Israel en Buenos Aires, allá por 1992, a decenas de miles de kilómetros de distancia.

El lavado de dinero a través del cártel de Sinaloa no augura buenos resultados para la colectividad judía ahorradora de Buenos Aires. Y anota que hay antecedentes: "Realiza una actividad muy similar el grupo religioso que comanda el evangelista Luis Palau", que se presenta cada cuatro años en distintos escenarios, mueve multitudes de fieles, en su mayoría llegados de sectores muy humildes, y dice recaudar, mediante el concepto de donaciones, millones de dólares.

Orejano concluye que "los cultos religiosos (judíos, católicos, evangélicos o de cualquier denominación) son una buena forma de lavar dinero, pues en general los organismos de control financiero prefieren no indagar demasiado en las finanzas de las colectividades religiosas", por miedo a ser acusados y hostigados por perseguir la fe.

Sinaloa: la narcopolítica

A quienes menos conviene la violencia en Sinaloa es a los traficantes que nacieron ahí, donde viven sus familias, donde siembran y cosechan la amapola y la mariguana, donde están las rutas que utilizan para el trasiego de cocaína hacia Estados Unidos y donde están también los laboratorios para la elaboración de las drogas sintéticas.

Pero a los traficantes les gana siempre la ambición por dominar esta plaza y por eliminar a cualquiera, sea un enemigo real o uno imaginario. En lugar de ser un sitio preservado para la seguridad de los suyos (como alguna vez fueron Cancún, Querétaro, Cuernavaca o Puebla), Sinaloa se ha convertido en el escenario de batallas y refriegas sin fin que hoy hacen de la entidad el sitio más peligroso para vivir, junto con las fronterizas Ciudad Juárez, Tijuana, Laredo, Reynosa, Matamoros, Ensenada, Tecate o San Luis Río Colorado.

Las declaraciones de Jesús Alberto Aguilar Padilla, gobernador del estado, resumen esta situación en la que se encuentra la tierra natal de los capos más importantes del narcotráfico mexicano: aunque esté Sinaloa entre los estados con más homicidios dolosos, llámense ejecuciones, "en el resto de los delitos está colocado por debajo de la media nacional, en el lugar 22 de 32 entidades de la República", presumió el gobernante a Mario Vázquez Raña, dueño de la Organización Editorial Mexicana, la primera semana de enero de 2010. También aseguró que "ha existido una falta de efectividad en la coordinación institucional para contener debidamente la problemática". No contento con lo dicho, Aguilar Padilla abundó, refiriéndose a la lucha contra el crimen, que "la sociedad tiene también una parte relevante que aportar. Es decir, si se tiene en cuenta que el delito se gesta en la sociedad y que la delincuencia aprovecha toda disfunción de la misma, como la pérdida de valores, entonces debe haber ahí también un frente para cerrar espacios al delito".

Mientras el gobernante ofrecía estas declaraciones, acababan de asesinar a su titular de Turismo, Antonio Ibarra Salgado, cuando salía de desayunar del restaurante del hotel Riviera. Medios locales incluyeron este crimen, cometido por profesionales, entre las secuelas provocadas por la eliminación de Arturo Beltrán Leyva.

Varias publicaciones locales recordaron, al hablar del asesinato, dos antecedentes importantes sobre la ejecución de Ibarra Salgado: el primero fue que su hermano, Luis, había sido detenido dentro de la averiguación por lavado de dinero que concluyó con la clausura de diversas casas de cambio; el propio secretario de Turismo habría sido investigado en el caso, pues se presume que un par de décadas atrás, como alto ejecutivo del Banco del Atlántico, autorizó operaciones millonarias que implicarían blanqueo de capitales. El segundo antecedente apuntaba que, exactamente una semana antes del asesinato, el martes 15 de diciembre, miembros del Ejército y policías federales ingresaron al exclusivo fraccionamiento Los Álamos, donde vivía el secretario, así como otros prominentes empresarios y políticos de alto nivel, entre quienes estaría incluido el alcalde de Culiacán, Jesús Vizcarra Calderón, cuya imagen había sido expuesta en un diario nacional que reproducía una vieja fotografía en la que aparece junto al *Mayo* Zambada. Por muchos años que hubiesen transcurrido, hoy todo se inserta ya en los movimientos políticos de la sucesión gubernamental en Sinaloa, que ha de ocurrir en 2010, época en la que la imagen vale más que en cualquier otra.

Ibarra "supuestamente estaba siendo un sujeto incómodo para la camarilla mafiosa en el poder, por esta línea de investigación, y decidieron hacerlo a un lado porque tenía mucha información que no convenía que se difundiera", lanzó como hipótesis la columna "Malecón" del diario *Noroeste de Culiacán*. Otra posibilidad que se manejó fue que un grupo mafioso contrario al suyo hubiera querido enviar un mensaje contra el grupo en el poder: "quienes así lo quieren considerar ven coincidencias hasta en los pocos días que difirió [el asesinato de Ibarra]" con la captura de Carlos Beltrán Leyva y la ejecución de su hermano Arturo.

Para el gobierno local, sin embargo, las lecturas fueron otras. El gobernador Jesús Aguilar Padilla, al referirse al crimen, habló de las repercusiones "negativas" que han tenido en Sinaloa los operativos puestos en marcha por el gobierno federal, que no buscan sino combatir al cártel de los Beltrán Leyva: "En el estado se agudizaron los homicidios después de estas acciones federales, algo que se puede palpar de manera simple". Por su parte, Alfredo Higuera Bernal, el procurador sinaloense, ubicó el crimen "en un contexto de violencia generalizada en el país, en donde cotidianamente se están produciendo hechos delictivos de la mayor gravedad". Una muestra más de "lo lesivo que está resultando el fenómeno de la delincuencia en México".

Por aquellos días el Club Arcoíris de Profesionistas y Técnicos para la Acción Reflexiva (CAPTAR) dio a conocer un documento de 10 páginas en el que alertaba sobre el surgimiento de un precandidato a la gubernatura de Sinaloa "con el sello del narco", refiriéndose a Jesús Vizcarra Calderón, entonces alcalde de Culiacán. El ex regidor priísta Leobardo Figueroa Inzunza afirma en el escrito que "Vizcarra es un personaje protagónico de esos que abundan en Sinaloa, que en el curso de unos cuantos años surge del oscuro anonimato a la notoriedad pública mediante el poderío incontrastable del dinero en cantidades descomunales". Fue así como emergieron Joaquín *el Chapo* Guzmán, Ismael *el Mayo* Zambada, Juan José *el Azul* Esparragoza, con la diferencia de que estos capos nunca han buscado el poder político directo, "como sí intentó Pablo Escobar Gaviria en Colombia, donde logró llegar a diputado suplente en los ochentas", abunda Figueroa.

Vale la pena detenernos un momento en Vizcarra, cuya fabulosa fortuna, que lo sitúa como el productor y comercializador número uno de carne de res en el país,[1] tiene un origen inocultable, según el abogado y politólogo Tomás Uriarte Verduzco, pues éste "es sobrino y presunto prestanombres del ya fallecido Inés Calderón Godoy, viejo y destacado jefe de lo que hoy se conoce como el cártel de Sinaloa". Junto a él aparece Vizcarra, acompañado por *el Mayo* Zambada y por Javier Baltazar, hijo de otro legendario mafioso, en la fotografía que el diario *Reforma* publicó el 8 de diciembre de 2009, con la leyenda: "Dime con quién andas…"

Según el diario *Noroeste*, en una de sus ediciones de 2007 citada en el documento de CAPTAR, Vizcarra incrementó la participación accionaria de los emporios Sukarne y Viz e hizo socios al actual gobernador, a su esposa Rosalía Camacho y a su hijo Jesús Alberto "asignándoles 2 millones 865 mil 816 acciones" que representan 7.5 por ciento del valor total en libros y que equivalen a 39 millones de dólares. Es por esto que el actual alcalde se siente seguro candidato a gobernar Sinaloa y, en los hechos, "hay un sigiloso y anticipado traspaso del poder de Aguilar a Vizcarra, como se detecta por los nombramientos de incondicionales suyos, como Hermann Leuffer Mendoza en la secretaría ejecutiva del Consejo Estatal de Seguridad Pública, y de Humberto Gómez Campaña en la dirección general de Beneficencia Pública".

Vale la pena señalar también que cuando Vizcarra decidió entrar en política (a la sombra del ex secretario de Agricultura Javier Usabiaga y apadrinado por Vicente Fox en su campaña para diputado

---

[1] Los tablajeros de Sinaloa se quejan de que el monopolio de Vizcarra los ha obligado a venderle a 16 pesos el kilo de los becerros en pie (que antes estaba en 24) y a siete pesos el kilogramo de vaquilla.

federal en 2003) se involucró primero en obras filantrópicas. Esto lo hizo seguramente asesorado por expertos "que le indicaron cómo superar en tiempo récord su evidente falta de carisma, cultura y educación; asimismo le aconsejaron diferenciarse de la clase política mediocre y de la burguesía culiacanense mezquina y cuentachiles, valiéndose de la construcción deliberada de un prestigio como filántropo benefactor de los pobres, una especie de Heraclio Bernal reciclado", apunta el catedrático e historiador Antonio Núñez Monroy. Fue así como el hoy alcalde hizo una encomiable labor en el Patronato del Hospital Civil de Culiacán, donde instaló un consultorio oftalmológico para distribuir lentes a bajo costo y un laboratorio de análisis clínicos baratos. Ya después, como alcalde, enfrentó con eficiencia el añejo problema de drenaje del malecón y remodeló varias calles del centro histórico, donde pavimentó casi 200 kilómetros de vialidades urbanas e instaló internet gratuito.

Pero ninguna de las situaciones referidas justifica que Vizcarra ordenara la compra de materiales sin licitación a su primo José Luis Aispuro Calderón o que haya sobregirado la obra, con mil 132 millones por encima del presupuesto de mil 786 millones aprobado en 2009, "lo que endeudará a la ciudad de Culiacán por decenios", dice Núñez Monroy. Hay un manejo patrimonialista del presupuesto, como el gasto de millones en comidas, gasolina, viajes y celulares para sus principales colaboradores, pues "prevalece la visión del ejercicio del poder no como oportunidad de servir sino como reparto del botín y disfrute de canonjías, donde la austeridad brilla por su ausencia en plena crisis", remata el catedrático e historiador.

El documento de CAPTAR concluye con una ominosa advertencia: si llega a gobernar Sinaloa alguien con los antecedentes de Vizcarra Calderón, pariente cercano y operador de los intereses de un famoso capo del narcotráfico, "se empañaría todavía más la imagen de Sinaloa y nos llevaría entre las espuelas a la inmensa mayoría de los sinaloenses; 99.8 por ciento son completamente ajenos y sólo víctimas cautivas del gran negocio trasnacional del narcotráfico". La violencia continuará "desbordada e incontrolable".

En la segunda quincena de febrero la Segob se vio obligada a precisar la postura oficial cuando arreciaron las críticas contra el gobierno federal por dejar a Sinaloa a la deriva, sin poner la misma atención a esa entidad como la que en 2010 se ha concentrado en Ciudad Juárez y porque a Sinaloa no llega la guerra que declaró Felipe Calderón al narcotráfico. Allí no se ataca la narcopolítica y el *Chapo* Guzmán es intocable, denunció el diputado federal panista Manuel Clouthier Carrillo. Usó duras palabras en contra del presidente: "Nos va a costar a los sinaloenses generaciones enteras porque un cabrón irresponsable no tuvo el tamaño de hacer lo que le correspondía por mandato". De inmediato sus propios compañeros legisladores panistas le exigieron a Clouthier retractarse o renunciar al partido y a la diputación.

En otra perversa manifestación de la guerra sucia política, aparecieron apócrifas denuncias en contra de *Malova* (Mario López Valdez), a quien la PGR supuestamente investigaba por nexos con el narcotráfico. Una columna política de un diario nacional aludía a la copia de un documento fechado el 3 de abril de 2009 con el nombre del procurador Arturo Chávez Chávez al calce en donde se habla de inyección de recursos del narco para el equipo de beisbol profesional Los Mochis, financiamiento con recursos del narco en su cadena de Tiendas Malova y compra de terrenos agrícolas en la zona de Estación Bamoa también con recursos ilícitos.

López Valdez era en el momento el único político sinaloense con suficiente fuerza para disputar la candidatura priísta para gobernar Sinaloa al ex alcalde Jesús Vizcarra Calderón y había que estigmatizarlo. Senador de la República, *Malova* se hizo presente en la PGR y oficialmente se le respondió que no había averiguación alguna en su contra, además de que Chávez Chávez aún no era procurador en la fecha impresa sobre el texto espurio.

No transcurrieron muchos días para que *Malova* renunciara a la posibilidad de contender por la candidatura a gobernar Sinaloa en el proceso interno del Partido Revolucionario Institucional. El senador se lo hizo saber por escrito a la dirigente del PRI, Beatriz Paredes, pues no quería ser "comparsa en un juego previamente arreglado" y decidido a favor de Jesús Vizcarra Calderón. Pese a los ataques a su persona, *Malova* se mantenía, según su propia percepción, a la cabeza de las preferencias de los electores sinaloenses, por lo que no descartó participar en una alianza con partidos de oposición para llegar a la gubernatura.

En cuanto a Clouthier, quien ya se había autodescartado como posible candidato panista para gobernador, recibió una réplica de Fernando Gómez Mont. De "falsas", "irresponsables" y "moralmente condenables" calificó el titular de Gobernación las acusaciones del diputado panista en el sentido de que durante tres años el gobierno federal dejó de actuar en Sinaloa contra el narcotráfico, las redes financieras y la protección institucional a los criminales. Falso que "desde el poder se promueva un modelo de vida política en Sinaloa ligado a la corrupción y al crimen organizado".

"Se ha golpeado a todos los cárteles y no ha sido proporcional [el combate] contra el de Sinaloa. ¡Eso es evidente! Resulta que a Sinaloa no la han tocado ni con el pétalo de una rosa", dada la colusión que se ha dado entre "la camarilla mafiosa en el poder" y el crimen organizado desde hace por lo menos 10 años, insistió Clouthier Carrillo entrevistado por la revista *Proceso* y después por todos los medios escritos y electrónicos. "¡Lo grito porque nos están convirtiendo en el excusado del país, y vamos a perder generaciones enteras!"

Gómez Mont afirmó por escrito que "todas las organizaciones delictivas han sido atacadas en sus estructuras de manera proporcional a su tamaño". De diciembre de 2006 al 4 de febrero de 2010 el gobierno detuvo "a casi 72 mil delincuentes por delitos contra la salud" (extraño que un abogado litigante no los nombre "presuntos", más aún si se sabe que un porcentaje mínimo terminan en prisión). Y desglosó: 27 por ciento son de la organización criminal Golfo-Zetas; 24 por ciento del cártel del Pacífico (es decir, *el Chapo* Guzmán y *el Mayo* Zambada); 17 por ciento del cártel de los Carrillo Fuentes; 14 por ciento de los Beltrán Leyva; 13 por ciento de los Arellano Félix y cinco por ciento de otras organizaciones, "incluyendo a *La Familia* y al cártel Valencia-Milenio".

El miércoles 24 de febrero, día de la bandera, el presidente Felipe Calderón ofreció la cuarta rueda de prensa en cuatro años de su administración e inclusive incitaba a los periodistas a seguir pregun-

117

tando. Aprovechó para decir que "es absolutamente falso" que su gobierno proteja a Joaquín *el Chapo* Guzmán, pues su administración ataca indiscriminadamente a todos los grupos criminales, "llámense verdes o llámense rojos, llámense del Pacífico o del Golfo":

A todos les hemos causado golpes importantes en su estructura operacional, financiera y de liderazgo. Es más, esa falsa acusación dolosa —y no sé con qué intenciones— que se hace al gobierno, cae por su propio peso. Hemos golpeado por igual tanto a los cárteles vinculados al del Golfo de México como al del Pacífico mexicano.

Es increíble que cuando estamos atrapando a criminales de la talla del *Teo* [Teodoro García Simental], por ejemplo, que es del cártel del *Chapo* Guzmán, que es del cártel del Pacífico, se diga que el gobierno está encubriendo a ese cártel; cuando se está extraditando a alguien como Vicente Zambada, se diga que el gobierno encubre a ese cártel. Es simplemente desconocimiento, en el mejor de los casos, si no es que de otros intereses que otros deben aclarar.

Había tanto interés de Calderón por salir al paso de las cada vez más frecuentes imputaciones de protección oficial al cártel de Sinaloa, que interrumpió en dos ocasiones a los reporteros que le hacían ya otro tipo de preguntas, según la reseña de Claudia Herrera Beltrán en *La Jornada*, y entonces el mandatario continuaba leyendo la tarjeta que le pasaron con los nombres de presuntos capos al servicio del cártel del *Chapo*, como Reynaldo Zambada, hermano del *Mayo*; *el Tío*, a quien se atribuía trabajar para *el Nacho* Coronel; *el Jabalí* José Vázquez Villagrán, quien sería un operador de los capos de Sinaloa, pero en Sonora y para enlaces aéreos. Y Rogaciano Alba, ganadero y supuesto traficante guerrerense capturado en Jalisco.

Calderón se había encarrerado y ninguno de sus asesores le advirtió de una circunstancia fundamental: varios de los nombrados apenas estaban en la etapa de arraigo por parte de la PGR o se ubicaba en sus inicios una averiguación previa para buscar fincarles responsabilidades, por lo que ser juzgados en público y ser llamados narcotraficantes en voz del presidente de la República atropellaba sus mínimos derechos constitucionales.

De un golpe mediático Felipe Calderón intentaba sacudirse las críticas de su compañero de partido, el diputado Manuel Clouthier, quien decía que en Sinaloa no se tocaba a los traficantes "ni con el pétalo de una rosa"; de la revista *Proceso*, que había publicado la foto del *Chapo* en su portada del 14 de febrero con la leyenda "El intocable"; y de expertos como Edgardo Buscaglia, quien hizo graves señalamientos en *The Economist* y en *El Financiero*; o incluso del ex canciller Jorge Castañeda, quien había revelado que senadores de la República le hicieron un reclamo similar al presidente.

Por si hiciera falta atizar el fuego de la polémica, el ex presidente Vicente Fox, con su característica incontinencia verbal, pidió a los gobernadores apoyar al gobierno federal en la lucha contra el tráfico de drogas, porque "han echado mucha hueva" pese a que tienen cuerpos policiacos con los que les toca enfrentar el problema en ámbitos locales.

Y la banda El Recodo no tocó

Aquel día de finales de 2008 el pueblo de Mocorito, la Atenas de Sinaloa, se vistió de gala. *Poncho* Lizárraga tomó el micrófono y agradeció en nombre de la banda El Recodo, con frases entrecortadas, la invitación y el privilegio de estar en esa comunidad vibrante, cercana al río Evora, fundada por jesuitas en 1594 y a la que Eustaquio Buelna designó como "lugar de muertos".

La Fraternidad de Sinaloenses en Los Ángeles logró que la popular banda (fundada en 1938 por Cruz Lizárraga y que ha acompañado a famosos como Lola Beltrán, Juan Gabriel, Amalia Mendoza, José Alfredo Jiménez, Luis Pérez Meza, Tony Aguilar y muchos más en 70 años de existencia) donara las ganancias de un concierto en la ciudad californiana para construir un edificio de la Universidad Autónoma de Sinaloa en el poblado del que fue alcalde, en las postrimerías de la Revolución mexicana, el eximio poeta Enrique González Martínez.

En el presídium estaba una guapa mujer, que fue presenta-

121

da por el locutor del acto, un "buchón" (así se denomina en esos lares a los traficantes serranos), como la señora Zambada Zazueta. En realidad se trataba de Modesta Zambada García, hermana del famoso capo del cártel de Sinaloa Ismael *el Mayo* Zambada.

Así son las cosas en el estado del Pacífico mexicano en donde han nacido casi todos los jefes del tráfico de drogas en el país, generación tras generación, desde hace más décadas que las siete que cumplió la banda El Recodo.

Ella era invitada especial para la colocación de la primera piedra del Centro Universitario de Mocorito y recibió el agradecimiento público en nombre del gobernador Alberto Aguilar Padilla.

La veintena de músicos se uniformó con ropas negras y el infaltable sombrero, pero no llevaban instrumentos. Se les convocó e invitó a la ceremonia. Viajaron e hicieron acto de presencia gustosos, pues los mandó llamar su clientela segura.

Como El Recodo, Los Tigres del Norte, Los Cadetes de Linares, Ramón Ayala y Los Bravos del Norte, muchos grupos más son contratados para fiestas y en ocasiones para tocar en privado a los familiares de los capos de la droga. Eso no los hace delincuentes y tampoco los condena el hecho de ser autores e intérpretes de corridos que narran las hazañas y desgracias de los más famosos traficantes.

Pero dejemos a Vizcarra y a Jesús Aguilar Padilla y junto con ellos a las redes de protección política que el cártel de Sinaloa ha tejido en el estado del Pacífico, a lo largo y ancho de México y en el resto del mundo. Es hora de hablar nuevamente de los Beltrán, quienes mientras aún trabajaban para *La Federación*, llegaban a Tamaulipas para cumplir con las órdenes recibidas por quien entonces era su jefe.

Poder para corromper

Antes de la escisión, el cártel de Sinaloa les encomendó a los hermanos Beltrán Leyva romperle el espinazo al cártel del Golfo, ni más ni menos que en su propio territorio: Tamaulipas. Los crímenes de Edgar Valdés Villarreal *la Barbie*, contratado por los Beltrán para llevar a cabo su objetivo, sembraron pavor en las ciudades de Matamoros, Reynosa y Nuevo Laredo. Tiempo después la gente que emplearon en esta lucha seguiría fiel a los Beltrán, como indica el hecho de que varios de los ex militares que los acompañaban en Morelos y Guerrero habían nacido en Tamaulipas, situación que fue confirmada cuando nueve de éstos fueron apresados en Xoxocotla, en mayo de 2008.

Los hermanos Beltrán también recibieron la encomienda, por parte del cártel de Sinaloa, de poner orden en Guerrero, objetivo que también se apresuraron a conseguir. En unos cuantos meses, *Los Pelones*, sus sicarios y distribuidores narcomenudistas, se apoderaron de la Costa Chica y de La Montaña. Tan bien lo hicieron que hoy siguen allí, resistiendo los ataques de sus ex socios del cártel de Sinaloa, luego de que los Beltrán rompieron abrupta y radicalmente con ellos a principios de 2008.

Durante los enfrentamientos en Guerrero, se acusó a los sicarios de los Beltrán Leyva de haber ejecutado a cuatro integrantes de *Los Zetas*, en una acción que fue filmada y subida al sitio YouTube, donde los hombres torturados y maniatados acusan al entonces subprocurador José Luis Santiago Vasconcelos de brindar protección al cártel del Golfo. En aquella ocasión, hablamos del año 2006, se investigó a 12 policías y mandos de la AFI por haber capturado y entregado a los cuatro hombres que después serían interrogados y ejecutados frente a las cámaras. Ni un solo policía federal está hoy en prisión por ese crimen, que millones de personas presenciaron, pese a las denuncias reiteradas de las esposas, quienes dieron pormenores del "levantón" pactado entre criminales y policías.

Después de Tamaulipas y Guerrero siguió Morelos. Fue allí donde se instaló Arturo Beltrán Leyva y desde allí protegió sus operaciones, mediante sobornos multimillonarios a militares y policías. Ya la pugna con el cártel de Sinaloa se había vuelto insalvable. Quizá por eso fue que su buena suerte comenzó a cambiar, para ser exactos, el 7 de mayo de 2009, cuando a 200 metros de la casa de gobierno de Cuernavaca fue allanada la residencia de José Alberto Pineda Villa *el Borrado*, uno de los principales lugartenientes y operadores de los Beltrán, quien creía pasar inadvertido porque tenía como vecinos al presidente estatal del Partido Nueva Alianza, Francisco Santillán, al ex secretario de Desarrollo Económico del estado, Alfonso Pedroza Ugarte, y al senador panista Adrián Rivera Pérez.

El mismo Arturo Beltrán no hizo caso de las campanadas que anunciaban, a los cuatro vientos, que la autoridad estaba cerca de cazarlo. Creía estar en la cumbre, en apenas unos años había pasado de ser el operador más importante de *La Federación* a ser su rival más serio y se sentía intocable; quizás porque en todos los niveles pagaba sumas de dinero elevadísimas por protección. Ni siquiera fue capaz de ahuyentarlo el operativo del viernes 11 de diciembre de 2009, en el que marinos de élite estuvieron a punto de capturarlo durante una fiesta en Ahuatepec, entre Cuernavaca y Tepoztlán, de la que logró huir junto a su jefe de sicarios, *la Barbie* Valdez Villarreal. Días antes, el capo y sus escoltas ya habían escenificado un par de balaceras con la policía de Atlixco, Puebla.

Pero tras el operativo del 16 de diciembre, tal como citaron varios medios locales, ni el pago de protección ni los seis amuletos que cargaba Arturo Beltrán en todo momento fueron capaces de evitar su muerte; entre muchos otros crímenes, el Ejército le atribuía al *Barbas* la decapitación de ocho militares en Guerrero, un año antes de su muerte.

MORELOS SIEMPRE HA SIDO una de las guaridas favoritas de los grandes barones de la droga, un lugar tanto de residencia como de vacación, un remanso para los capos. Allí vivió, por ejemplo, Juan José *el Azul* Esparragoza en tiempos del gobernador panista Sergio Estrada Cajigal, a quien incluso se atribuía una relación sentimental con la hija del capo sinaloense.

Por su parte, el sucesor en el gobierno de Morelos, el también panista Marco Antonio Adame Castillo, había nombrado en su gabinete a varios personajes que terminaron siendo acusados y encarcelados por brindar protección a los Beltrán Leyva.

Luis Ángel Cabeza de Vaca, secretario de Seguridad Pública morelense, fue imputado de manera directa en el expediente PGR/SIEDO/UEIDCS/166/2009, que asegura que este político recibía, de manos de Arturo Beltrán, 20 mil dólares mensuales a cambio de protección. Varios policías bajo sus órdenes le hacían servicios a los traficantes sinaloenses, según reveló la revista *Proceso* el 10 de enero de 2010. Para defender a Cabeza de Vaca, su esposa, Mónica Dalila, dijo que él simplemente obedecía órdenes del gobernador Adame... *¡gulp!* Luis Ángel es pariente directo del ex procurador de la República y asesor jurídico de la Presidencia de la República, Daniel Cabeza de Vaca, quien hizo inefables declaraciones a la prensa nacional e internacional asegurando que hacía años que *el Chapo* Guzmán no era sino una simple figura de leyenda, que andaba a salto de mata y que ya no operaba ni mandaba en el cártel de Sinaloa. Declaración que, vista en retrospectiva, parecería favorecer a los Beltrán.

Detenido el 15 de mayo de 2009, Luis Ángel Cabeza de Vaca fue imputado por el policía Mario *el Negro* González Gaspar, quien juró ante el ministerio público que él personalmente acompañó al ex secretario de Seguridad Pública a cobrar dinero de *La Empresa*, como les gustaba llamar a su organización a los Beltrán Leyva. Le entregaban los dólares en bolsas de plástico o en cajas de cartón, a veces en casas de seguridad, otras en un parque y otras más en una ciclopista. *El Nemo* era el apodo del contador de *La Empresa* que hacía los pagos por la protección.

Cabeza de Vaca había sido ratificado como secretario de Seguridad Pública por el gobernador Adame, quien luego no metió las manos para defenderlo. De ahí el tono de reclamo de la esposa del primero, quien aseguró:

No tengo duda alguna de que usted sabe de la inocencia de Luis, y lo sabe porque lo conoce. No intente hacernos creer que no es así. Sin embargo, esto no es lo grave; lo grave es su pasividad, el que se quede callado e indiferente abandonando a su suerte a un amigo y colaborador que lo único que tuvo para con usted fue respeto, disciplina y acatamiento irrestricto a sus instrucciones.

En Morelos, como sucede siempre, la población inocente ha pagado los costos de los ajustes de cuentas entre criminales y de los choques entre éstos y el Ejército o la policía. En diciembre de 2009, el estado del centro de la República sufrió bajas civiles y hostigamiento a ciudadanos, seguidas por detenciones arbitrarias y torturas a causa de los operativos de marinos, soldados y policías.

La Comisión Independiente de Derechos Humanos de Morelos urgió a las autoridades

a respetar plenamente la vida humana, a ajustarse a la legalidad constitucional, a modificar su estrategia anticrimen apegándose a los protocolos internacionales, para no centrarse exclusivamente en el uso de la fuerza armada, de tal manera que no sea la población civil la que pague con su vida y la pérdida de sus libertades democráticas y garantías constitucionales el costo de una guerra perdida de antemano por el Estado, que amenaza con erosionar aún más las instituciones y la cohesión de la vida social.

Señalando que resulta inaceptable combatir la ilegalidad con más ilegalidad, tratando a los ciudadanos como presuntos delincuentes, la Comisión mencionaba hechos concretos:

1. Cuando se realizaron los operativos del 11 de diciembre de 2009, en el Fraccionamiento Los Limoneros de Ahuatepec (entre Cuernavaca y Tepoztlán), perdió la vida una vecina ajena a la refriega. Patricia Terroba de Pintado era prima política del ex candidato a la Presidencia de la República y ex dirigente del PRI, Roberto Madrazo Pintado. Fue en esa ocasión cuando se detuvo a los Cadetes de Linares y a Ramón Ayala y Los Bravos del Norte, pero se escaparon Arturo Beltrán y Edgar Valdez Villarreal *la Barbie*.

2. Seis personas murieron durante la incursión "quirúrgica" de los marinos, con auxilio de helicópteros, en los condominios Altitude el 16 de diciembre. Para empezar, la autoridad presentó como delincuentes y miembros de la organización delictiva a Catalina Castro López, de 44 años, y a Gabriela Vega Pérez, de 18, mujeres dedicadas a servicios de masaje. Se presume que Arturo Beltrán habría sido herido unos días antes. Las dos fueron liberadas por falta de méritos.

3. En esa ocasión fue acribillado Ignacio Aguilar, quien manejaba una camioneta *pick up* placas NV-16014, cerca de su domicilio en la calle 5 de Mayo. Militares le dispararon sin informarle que había

un operativo y luego quisieron justificar la agresión diciendo que el hombre sacó un arma.

4. El sábado 19 de diciembre varios sujetos quisieron entrar por la noche a la casa de la señora Rosario Montejo, en la colonia Amatitlán. Huían de los militares. Ella les impidió el paso y habló a su hijo Emilio Guzmán Montejo, que pertenece a la Policía Bancaria e Industrial. Cuando llegó acompañado de su escolta Crispín Bahena, ambos fueron atacados y sometidos por los militares. Después se les acusó falsamente de ser poseedores de droga y armas encontradas en la casa vecina de la Privada Piñanona. Tres semanas después seguían injustamente detenidos.

En suma, se alteró la tranquilidad de Cuernavaca, debido a los operativos "que implican el uso de la fuerza de manera indiscriminada, sin garantizar la seguridad ciudadana", se lamentaba el Centro de Derechos Humanos. "Hay muchas víctimas inocentes entre los más de 16 mil ejecutados en el país durante la administración de Calderón", apuntaba el documento al final.

El tamaño del miedo

Los diputados y senadores de entonces nada pudieron hacer. Aquéllos no cumplieron con su encomienda de legisladores. O no lo intentaron o se toparon con una pared. Tenían en sus manos un material explosivo. Bajo su firma y responsabilidad, casi 200 agentes de la Agencia Federal de Investigación que se oponían al afán del secretario de Seguridad Pública federal, Genaro García Luna, de fundir en una sola a todas las policías del país, describieron un episodio más que irregular el 19 de octubre de 2008: se trataba del encuentro de García Luna, a quien se conoce hace tiempo como "el policía del presidente", con un poderoso líder del narcotráfico.

Aunque nunca lo mencionan por su nombre, el narcotraficante del que habla el documento es Arturo Beltrán Leyva, quien apoyado por decenas de sicarios de las llamadas Fuerzas Federales de Arturo (FFA), a bordo de una docena de vehículos, habría sometido a la numerosa escolta del secretario de Seguridad Pública. Así volvemos a uno de los temas que habíamos tocado en los capítulos iniciales de este libro.

El documento referido dice:

Después de las 12 horas del día en mención, en la carretera Cuernavaca a Tepoztlán fue interceptado o citado por un alto capo de las drogas, que se acompañaba por un indeterminado número de pistoleros o sicarios, en aproximadamente 10 vehículos Suburban blindados, sin que la escolta del funcionario hiciera nada para protegerlo —al parecer por una orden verbal de éste— [...] teniendo como efectos que la escolta de dicho funcionario fuera sometida, vendada de los ojos durante aproximadamente cuatro horas [...] así como que dicha escolta fue desposeída de sus armas largas y cortas a su cargo, escuchando de una voz desconocida, al parecer del alto capo de las drogas, textualmente:

Éste es el primer y último aviso para que sepas que sí podemos llegar a ti si no cumples con lo pactado.

Sin haber oído dicha escolta más al respecto [...] el funcionario se retiró al parecer solo, abandonando a sus escoltas a su suerte, sin saber [los guardaespaldas] la dirección que tomó y lo que hizo durante esas cuatro largas horas.

Los denunciantes sospechan que Genaro García Luna pudo haberse ido a un lugar más cómodo y distinto de donde sucedieron los supuestos hechos recién narrados, en aras de deshacerse de escuchas incómodos. Es decir, los agentes sospechan que todo fue una estratagema espectacular del propio secretario García Luna para poder conversar a sus anchas con el capo. El escrito, cuya copia tengo con sellos de recibido del Congreso de la Unión, prosigue:

> No debe pasar desapercibido que el secretario en cuestión es un experto actor del engaño, pues debe recordarse que elaboró un circo en torno a un secuestro en el que estuvo supuestamente involucrada una mujer francesa [Florence Cassez] al que incluso citó a un medio televisivo […], pudo manipular a toda su escolta haciéndoles creer que lo sucedido fue un amedrentamiento o levantón por parte de algún capo de la droga y lo que en realidad sucedió fue una cita concertada con ese supuesto capo.

Para que no quedara duda alguna sobre la seriedad de la denuncia —apoyada por testimonios de los propios integrantes de la escolta que fueron sometidos por los delincuentes—, los agentes de la AFI solicitaron que la Sedena verificara "las portaciones y documentos de asignación de armas cortas y largas que deben contener en el marcado hecho por esa misma secretaría".

Lo primero era verificar si los escoltas continuaban en posesión del armamento oficial, porque García Luna les dijo, al término de su cautiverio de cuatro horas, que "les reintegraría sus armas", sin especificar si ello ocurriría adquiriendo pistolas, rifles o metralletas de dudosa procedencia, si la reposición se haría con armamento bajo custodia de la propia SSP o si sería por abastecimiento de nuevo arsenal, suministrado por la propia Secretaría de la Defensa.

El día del enfrentamiento, todos los agentes portaban pistolas Pietro Beretta, calibre 9 mm, además de carabinas Colt, fusiles

Galil 223, así como otras armas largas. Los agentes inconformes aportaron números de serie y matrícula de todas y cada una de las armas de cargo para que éstos fueran cotejados. Sin entrar en los detalles del armamento, a continuación aporto la lista de guardaespaldas y agentes comisionados a la seguridad de Genaro García Luna, hacia octubre del año antepasado, quienes podrían aportar datos específicos sobre la reunión mencionada, entre un funcionario de primer nivel del gobierno de Felipe Calderón y un gran capo del tráfico de drogas que hoy ya está muerto. Se trata de 86 personas, lo cual da una idea del tamaño del miedo con el que se moviliza el titular de la SSP federal, aunque en la ocasión mencionada se asegura que quienes lo acompañaban eran "sólo" dos docenas de guardaespaldas. La lista se presenta en estricto orden alfabético:

Alonso Olvera, Miguel Ángel	Chávez García, Daniel
Alonso Torres, Rey	Chávez Hernández, José Luis
Álvarez Alquicira, Alán	Claudio Carrillo, Ángel Mauricio
Alviz Mondragón, Roberto	Coalla Pulido, Luis Alberto
Arreola Robles, César Alejandro	Cortés de la Rosa, Óscar
Arteaga Uribe, Óscar	De la Cruz Jiménez, Roberto
Benítez Puebla, Edgar	De Luis Reyes, Javier
Blanco Hernández, Griselda Edith	Estrada Armenta, Claudia
Campillo Díaz, Gustavo	Galicia Blanco, Rafael
Cárdenas Acuña, Elliut	Galván Sánche,z Andrés
Castañeda Ortega, José Juan	García Arzate, Gustavo Adolfo
Cavazos Medina, Álvaro Ovidio	García Cuevas, Néstor
Cervantes Mojica, Libio	García Pérez, Oswaldo Misael

Gaytán González, Sandra

Gómez Sánchez, Luis Gerardo

González Esparza, Delfín Humberto

Guzmán González, Joel

Hernández Castillo, José Luis

Hernández González, José Ramón

Hernández Licona, Mario

Juárez Rosas, Rodrigo

Linares de Anda, Carlos Emilio

Lona Romero, Edgar

López Díaz, Julio Alejandro

López Sánchez, Gerónimo Armando

López Velasco, Cinthya Fabiola

Marín Garduño, Leopoldo Audiel

Martínez García, Alicia

Martínez García, Bernabé

Martínez Godoy, Dither Federico

Martínez Orduña, Javier

Melgoza González, Saúl

Mendoza Hernández, César Arturo

Mendoza Marín, Adonis Antonio

Mendoza Sánchez, Juan Carlos

Meza Maldonado, Martín

Miranda Espadas, Fernando

Montero Jiménez, Leoncio

Moreno de la Peña, Hans Iván

Navarrete Duarte, César Obdulio

Oliva Chávez, Rodolfo

Olvera Soto, José Juan

Pérez Pacheco, Domingo

Pimentel Maya, Ana Lilia

Plata Villegas, Gustavo

Posadas Mejía, Eduardo

Ramírez Bermúdez, Jaime

Ramírez Serrano, Edgar Ricardo

Ramírez Zubieta, Carlos

Rebollar Benítez, Carlos

Ricardo Martínez, Hugo

Ríos Victorio, Hugo

Rodríguez Rangel, Jorge Alejandro

Ruiz Urióstegui ,Alfonso Paris

Salazar Correa, Edgar Óscar

Sánchez Álvarez, Ernesto

Sánchez Martínez, Eddi

Sánchez Rodríguez, Dolores

San Juan Martínez, Luis Alberto

Solís Juárez, Manuel

Soto, Roberto

Suárez Morales, Joel

Tamez Pinales, Carlos

Toledo Martínez, Fabián

Torres Guzmán, Emma

Ulloa Córdova, Esequías

Uribe Doria, Eduardo

Valencia García, David Mizrraín

Vázquez Becerril, Gustavo Alberto

Vázquez Domínguez, Gustavo

Vázquez Rodríguez, Gumer Gamaliel

Yáñez Torres, Marco Antonio

Zaragoza González, José Jesús

En realidad, los agentes federales que creyeron y se acercaron a sus representantes populares de la LX Legislatura Federal, a quienes se dirigieron muy respetuosamente de la siguiente manera, no pedían demasiado:

> Los suscritos, integrantes de la sociedad mexicana, educados y acostumbrados por nuestros padres a conducirnos en la vida y trabajo con honestidad y probidad, mismos principios que hemos inculcado a nuestros hijos, con diversos años de experiencia y trabajo honesto, leal, eficiente, profesional, imparcial y transparente en el servicio público federal, además de siempre habernos conducido en base a los principios de obediencia y alto concepto de honor, justicia y ética, preparados en el área del combate al narcotráfico, delincuencia organizada y delitos diversos federales, con categorías diversas en la Policía Federal Investigadora de la Agencia Federal de Investigación dependiente de la Procuraduría General de la República, nos dirigimos ante ustedes con el debido respeto.

Lo único que los agentes federales que denunciaban a García Luna esperaban era que se obligara al secretario a comparecer para pedirle cuentas por un episodio que, a todas luces, revelaba sus nexos con la delincuencia. Confiaban en que el Ejército cumpliera con su obligación de checar las armas de esos 84 servidores públicos. ¿Todavía puede hacerse esto hoy? La respuesta la tiene el general Guillermo Galván Galván, cuyos elementos fueron ignorados en el operativo de Cuernavaca, mismo en el que los marinos, ellos y exclusivamente ellos, se enfrentaron y dieron muerte a Arturo *el Barbas* Beltrán Leyva.

Lejos de ver satisfecha su petición, los policías federales en activo fueron reprimidos por elementos de la PFP, que tomaron por la fuerza el control de las instalaciones centrales de la AFI ubicadas en las calles de Moneda, en la colonia Lomas de Sotelo, cuando se cumplían dos días de protesta de los agentes pertenecientes a la PGR. El director de Inteligencia de la PFP, Luis Cárdenas Palomino, al frente de poco más de 300 elementos, se apoderó del edificio en el que unas horas antes habían estado los diputados Layda Sansores Sanromán y Alberto Esteva Salinas, del partido Convergencia, y David Mendoza Arellano y José Jacques Medina, del Partido de la Revolución Democrática, acompañados por periodistas que habían llegado hasta el lugar para constatar las condiciones "de hacinamiento y saqueo" en que se mantenía el edificio.

Según la SSP, los agentes de la AFI se habían insubordinado y habían roto los códigos de seguridad que se requieren en las instalaciones de investigación, un viejo edificio de la IBM comprado por García Luna cuando era el titular de la AFI. Desde entonces, Cárdenas Palomino despachaba en el mismo edificio, es decir, un funcionario de la Secretaría de Seguridad Pública ocupando un sitio que está bajo la tutela de la PGR. Se trata de una invasión de facto, consentida por el ex procurador Eduardo Medina Mora, quien renunció en septiembre a su cargo para ser nombrado embajador en Londres.[1]

Medina Mora no defendió a sus agentes. Al contrario, les congeló el salario mientras se lo duplicaba a los peritos que ganaban lo mismo que éstos en 2008; hoy los hombres y mujeres que exponen la vida en los operativos perciben menos de 15 mil pesos mientras los peritos, que llegan al escenario cuando la violencia ya ha sido despejada, ganan más de 27 mil. Evidentemente, ésta fue una especie de castigo a trasmano, pues la PGR lo aplicó a quienes protestaban contra la SSP federal. Y hoy, con míseros ingresos, los agentes federales deben seguir trabajando en medio del peligro. Así lo denuncié, en su momento, un mes después de que el procurador renunciara:

> Son alrededor de cuatro mil hombres, entrenados para combatir en la trinchera de esa "guerra" que el presidente Felipe Calderón le declaró a la delincuencia organizada desde que inició su administración hace tres años. Son tratados como parias y ya ni siquiera conservan el nombre de *afis* [agentes federales de investigación].
>
> En teoría integran la nueva Policía Federal Ministerial, pero la ley que los creó aún no cuenta con reglamento.
>
> Cuando a los agentes del ministerio público federal, a sus asisten-

---

[1] En México no existe casi ningún procurador que terminadas sus labores no salga corriendo directo a una embajada. Así ocurrió, por ejemplo, con Ignacio Morales Lechuga, quien terminó ocupando la sede mexicana en París. El general Rafael Macedo de la Concha, otro más de la lista, hoy es agregado militar en Italia, mientras que Jorge Carpizo también fungió como embajador en Francia.

tes y a los peritos se les incrementaron sustancialmente sus salarios, alguien decidió dejar prácticamente inamovibles los ingresos de los agentes que fueron preparados en tácticas de asalto, en manejo de armas, pero también en tareas de inteligencia contra el delito, con habilidades para las telecomunicaciones y la cibernética.

El colmo del absurdo es que los hombres y mujeres que realizan los operativos y deben enfrentarse físicamente a grupos muchas veces mejor armados, quienes por el tipo de labor que desempeñan han de portar armas, chalecos antibalas, cascos e inclusive pasamontañas, reciben la tercera parte de "compensación por riesgo" de otros que llegan, vestidos de civil, cuando ya el peligro se diluyó.

El ingreso mensual de agentes, peritos y ministerios públicos está integrado por un sueldo base y una compensación. El primero siempre es más bajo. Éstos son los actuales tabuladores, que por sí mismos muestran la desprotección de los ex *afis*:

—Asistente del MPF: sueldo base 7 mil 274 pesos; compensación, 25 mil 568.

—Perito técnico "C": base 5 mil 960 pesos; compensación 21 mil 131.

—Agente investigador "C": base 6 mil 576 pesos; compensación 8 mil 951.

En 2007 un investigador "C" ganaba 14 mil 422 pesos mensuales. Su similar, un perito "C" percibía algo menos: 14 mil 246 pesos por mes.

Pero resulta que en 2008 al perito "C" se le aumentó el sueldo hasta 27 mil 92 pesos, mientras que a los *afis* se les mantuvo en 14 mil 927, casi la mitad.

A los ex *afis* se les paga el salario congelado, mientras que a los "peritos técnicos" casi se les duplicó el sueldo.

Este castigo laboral parece absurdo en el contexto de la prioridad declarada del gobierno de Felipe Calderón de enfrentar con todo al narco y a grupos delincuenciales. En su momento obedeció a protestas que los *afis* protagonizaron en contra del intento de forzarlos a dejar plaza y antigüedad en la PGR para ser transferidos a la "Policía Federal" en la Secretaría de Seguridad Pública.

El escarmiento ya cumplía dos años.

Parecía que el asunto se iba a remediar, pues días antes de ser removido de la PGR, Eduardo Medina Mora ordenó un "incremento salarial al sueldo base tabular y la compensación por riesgo y mercado" para agentes, personal en campaña, periciales, guardaespaldas, personal en delegaciones y ministerios públicos (Oficio 0559/2009 firmado por el oficial mayor Rafael Ibarra Consejo el 28 de agosto de 2009).

Fue la enésima burla. En las quincenas de septiembre y octubre los ex *afis* sólo vieron cheques con un incremento mensual de 599 pesos con 64 centavos.

Y los técnicos que ganaban menos que ellos hace 21 meses, ahora perciben 28 mil 18 pesos, casi el doble de los 15 mil 527 que reciben los ex *afis*.

Cientos de agentes se están amparando contra esta inexplicable discriminación laboral. Algunos amparos (tengo copia de algunos) argumentan además que a los ex *afis* se les exigía contar con estudios de nivel medio superior o equivalente desde 2002. Y ese requisito apenas se incorporó en enero de 2009 para los peritos técnicos, que ya perciben 90 por ciento más de sueldo.

"Tampoco se toma en consideración que los agentes realizan funciones de alto riesgo: es el personal designado para ejecutar órdenes de aprehensión, reaprehensión, traslado de personas, objetos, productos e instrumentos del delito; custodia de personas e inmuebles, cumplimiento de órdenes de investigación; órdenes de localización y presentación; órdenes de cateo, intervención de comunicaciones; preservación del lugar de los hechos, seguridad de funcionarios; intercepción terrestre, aérea y marítima".

Arturo Chávez Chávez llegó a titular de la Procuraduría General de la República en medio de fuertes impugnaciones y ahora se topa con una herencia envenenada de su predecesor Eduardo Medina Mora en el área laboral: amparos en cascada.

La simulación de la PGR en los últimos días de Medina Mora fue tal que a los ex *afis* se les incrementó el sueldo base pasándolo de cuatro mil 548 pesos al mes a los mencionados 6 mil 576. Pero se les escamoteó el aumento al restarlo de la "compensación por riesgo", que descendió de 10 mil 379 pesos a 8 mil 951. Faltarían más de 12 mil pesos para que igualaran a un perito en ese rubro.

"El actuar de las autoridades propicia un trato excluyente y discriminatorio para los agentes de investigación [...] con el mismo sueldo que percibimos, sin oportunidad de un desarrollo profesional y sin mejora a nuestra calidad de vida, pero con mayor riesgo en el desempeño de nuestras funciones, con disminución del sueldo por concepto de compensación por riesgo".

A la tan cacareada "policía científica y de primer mundo" que fundó Genaro García Luna, primero su propio creador quiso abolirla y fundirla con la PFP, pero se lo impidió el Congreso. Y ahora los ex *afis* que quedan sobreviven frente a una franca represión salarial.

Tampoco se podía esperar mucho más de las autoridades mexicanas, que ni se encargan de sus propios policías ni trabajan de forma coordinada ni salvaguardan a sus testigos protegidos. He aquí otro caso para Ripley —el cual virtualmente fue ignorado en los medios periodísticos— que demuestra ese descuido oficial:

Con el dudoso "privilegio" de haber sido nombrados desde el Distrito Federal para encargarse de la seguridad pública municipal en Ciudad Hidalgo, Michoacán, siete oficiales y policías federales están desaparecidos desde noviembre de 2009.

Genaro García Luna, el secretario de la ssp, los envió sin viáticos, sin pasajes de avión o autobús, sin vehículo oficial y sin uniformes. Nunca llegaron a su destino. Pasaron cinco días sin que los mandos superiores notaran su ausencia y menos los reportaran o levantaran una denuncia, hasta que los familiares comenzaron a investigar por su cuenta.

La trágica historia (cuyo final era desconocido aún en marzo de 2010) comenzó el 12 de noviembre, cuando el oficial Juan Carlos Ruiz Valencia fue comisionado por la ssp federal para ser secretario de Seguridad municipal en Ciudad Hidalgo. Viajó en helicóptero junto con su jefe, quien lo presentó a las autoridades de esa alcaldía michoacana. Más tarde, García Luna simplemente lo abandonó, así que Ruiz Valencia tuvo que regresar por sus propios medios, en autobús, a la medianoche.

Con oficios de comisión fechados el 14 de noviembre, Juan Carlos Ruiz Valencia, de 33 años, y seis policías federales más recibieron la orden de trasladarse a la comunidad michoacana, pero a falta de apoyo oficial "viajaron en un vehículo particular", una vieja

Suburban 1996 placas LYH-1743 del Distrito Federal, azul marino con cofre y salpicaderas blancas.

"La Policía Federal no les proporcionó los medios económicos ni el transporte oficial para llegar seguros a su destino", narran los familiares en una carta que me hicieron llegar.

Ésta es una mancha difícil de borrar para las instituciones que dicen librar una guerra encarnizada contra el narcotráfico y la delincuencia organizada. Por eso no se dio a conocer oficialmente. Para la SSP federal parece caso cerrado, pues ya mandó sustitutos de los desaparecidos, al frente de los cuales está el subinspector de procedencia militar Rafael Muñoz Rojas, desde el 27 de noviembre.

Tres días antes habían sido inauguradas con gran despliegue propagandístico las nuevas instalaciones del Centro de Inteligencia de la Policía Federal.

Los policías abandonados a su suerte hicieron entre todos una "vaquita" para pagar el viaje al civil Sergio Santoyo García, quien consiguió el vehículo. Éstos son los nombres del resto de los federales que viajaron, sin jamás llegar a su destino:

Pedro Alberto Vázquez Hernández, 33 años, quien iba a ser el subsecretario; Luis Ángel León Rodríguez, un sargento de 23 años; Jaime Humberto Ugalde Villeda e Israel Ramón Ulsa, de 25; Bernardo Israel López Sánchez y Víctor Hugo Gómez Lorenzo, quienes apenas rebasaban los 30. El común denominador era la falta de experiencia y el nulo fogueo para un cargo tan delicado.

Se sospecha que hubo "fuego amigo" contra estos federales enviados a la guerra sin recursos. En cartas entregadas a la Presidencia de la República (a través de Luis Arturo Matus Espino, jefe de la Oficina de Atención Ciudadana en Los Pinos), a la senadora Rosario Ibarra, a las secretarías de Seguridad Pública, Defensa, Marina, entre otras dependencias, los familiares narran:

"El comandante Raymundo Agustín Hernández Guzmán, jefe del 21 Agrupamiento de la PF, al cual pertenecían los siete federales, los amenazaba diciéndoles que de su cuenta corría que no llegaran a Michoacán; que no podrían más que él." Molesto por el nombramiento que les otorgó García Luna, el jefe inmediato les decía, con palabras altisonantes, "que no se saldrían con la suya; de mi cuenta corre que ni su seguro de vida puedan cobrar sus familiares".

Además de la pena que implica la no aparición de los siete federales y el chofer que los conducía, a los familiares se les martiriza de diversas maneras:

1. El domingo 6 de diciembre dos menores de edad entregaron a la policía de Atlacomulco, Estado de México, un sobre con las identificaciones de los secuestrados y fotografías tomadas de noche, en una zona boscosa, con los federales atados a un árbol. En el sobre decía: "PF CONFIDENCIAL, búsquenlos en la Laguna de Atlacomulco. Saludos. Zetas". La búsqueda subsecuente resultó costosa e infructuosa.

2. El 7 de diciembre los familiares recibieron llamadas anónimas a los respectivos domicilios. Decía la voz de un hombre: "Los quiero ayudar, los tiene *La Familia* michoacana en el rancho La Huerta. Se están moviendo en una Suburban azul y en otra dorada, blindadas. Los tiene *el Cepillo*".

3. Desde Veracruz, la amiga de uno de los secuestrados envió un correo a su celular diciendo: "por piedad devuélvanos a nuestros familiares". Lo increíble es que recibió respuesta: "identifícate conmigo 912123452, la vieja Gloria se los devolverá".

4. En los últimos días de diciembre aparecieron cinco cadáveres calcinados en San Juan del Río, Querétaro. Las familias acudieron porque se les dijo que serían los federales. Resultaron ser civiles vendedores de autopartes del Estado de México ejecutados.

Alguien estaba aplicando un juego macabro cuyas víctimas eran los familiares de los federales ausentes. Inclusive, a finales de noviembre, la SSP organizó una visita en un autobús turístico, para que los parientes fingieran ser solamente eso, turistas, y se les instruyó para que no dieran más información. Apenas salían y el camión dio media vuelta. "No podemos garantizar su seguridad", les comunicó esa misma policía que supuestamente va a derrotar al crimen.

Ejecutan a testigos "desprotegidos"

Es francamente una burla imperdonable. Los testigos que deberían ser protegidos por la autoridad, ésos que siendo delincuentes o funcionarios deciden delatar a sus cómplices, aparecen a cada rato "suicidados" en la misma casa en la que estaban arraigados, cuando no andan libres por las calles, como si nada, y son acribillados por los sicarios de alguna organización criminal.

Así sucedió con dos de los personajes que decidieron denunciar las relaciones de diversos policías y militares con el cártel de los Beltrán Leyva, en noviembre de 2009. Estos "testigos protegidos", que surgieron de la llamada Operación Limpieza de finales de 2008, fueron borrados del mapa en un lapso de 10 días, al mismo tiempo que un colombiano, también coadyuvante de la autoridad, liberado por la PGR, fue recapturado en Cali, Colombia, por el gobierno de aquel país.

A estos tres hombres, cuyos trágicos fines contaremos a continuación, los unía una circunstancia: convertidos en enemigos de los hermanos Beltrán Leyva, habían aportado datos fundamentales para el estrechamiento del cerco que intensificó la persecución contra los capos.

El lunes 30 de noviembre, poco antes del mediodía, fue asesinado a balazos, en un concurrido café de la colonia Del Valle, el ex comandante Edgar Enrique Bayardo del Villar, quien recibía cerca de 50 mil pesos mensuales por sus labores de "testigo protegido". En el lugar fueron heridos su escolta, José Luis Solís Castillo, y una cliente del establecimiento, Eugenia Martínez González, de 53 años, quien fue atendida en el Hospital Español.

Apenas 10 días antes, el viernes 20 de noviembre, había aparecido sin vida, en un centro de arraigo ubicado en Santa Úrsula Xitla, Tlalpan, el joven Jesús Zambada Reyes, de 22 años, quien se había acogido al programa de "testigos protegidos" luego de haber sido capturado, en octubre de 2008, junto con su padre, Jesús Reynaldo Zambada García, hermano de Ismael *el Mayo* Zambada. Según la autoridad, Jesús Zambada Reyes "se suicidó", ahorcándose con las agujetas de sus zapatos. El joven Zambada, el mismo día de su muerte, ingresó a la rotonda de las leyendas del narco, donde están Amado Carrillo y Mario Ruiz Massieu, porque varias personas dudan de su fallecimiento y han difundido la versión de que a Jesús se le dio por muerto para poder llevarlo a Estados Unidos, donde se habría convertido en testigo de la DEA.

Coincidentemente con las muertes de Edgar y el sobrino del *Mayo*, el colombiano Adolfo García Yepes fue recapturado en el barrio de Chipichape, Cali, a pesar de que poco antes había sido puesto en libertad por las autoridades mexicanas, que lo habían detenido, junto con otras 14 personas, en octubre de 2008, en una mansión del Desierto de los Leones, hasta la que llegó el ex comisionado de la PFP, Víctor Gerardo Garay Cadena, quien sorprendió a los invitados de una orgía. Garay Cadena sucumbió a las tentaciones de la fiesta en la que había irrumpido y organizó su propia orgía con uso de drogas y abuso de mujeres.

Fue precisamente Edgar Bayardo quien describió los abusos que el ex comisionado (hoy preso en el penal de Tepic, Nayarit, y que antes fungía como uno de los mandos más cercanos al secretario de Seguridad Pública federal, Genaro García Luna) llevó a cabo mientras hacía su fiesta particular. Garay, contó Bayardo, ordenó a sus subalternos que catearan al menos media docena de casas y apartamentos en los que habrían de apoderarse de diversas drogas, armas, joyas y dinero, al tiempo que ordenaba torturar a los colombianos y a los mexicanos que habían sido sorprendidos en la residencia, mientras él se encerraba con cuatro de las 30 mujeres retenidas aquel 16 de octubre de 2008. El capo más importante que había entre los presentes, el colombiano Harold Mauricio *el Conejo* Poveda Ortega, pudo escapar sin problemas, en mitad de la locura desatada con la llegada de la autoridad. Pasaron 48 largas horas antes de que los funcionarios federales consignaran a la docena de detenidos del Desierto de los Leones y dieran parte de los hechos al ministerio público.

Bayardo no era un policía común. Había sido subdirector de la Policía Federal y subprocurador de Tlaxcala, al lado de Adolfo Karam, ex jefe de la judicial de aquel estado. A Edgar también se le atribuían lazos familiares con uno de los más peligrosos secuestradores del país, Alberto Bayardo, ex escolta de Javier Coello Trejo, procesado junto a los 19 "violadores del sur", hace casi 20 años. Logró ser puesto en libertad. Fue precisamente a este capo secuestrador a quien se investigó, muchos años después, por el plagio de las hermanas de la cantante Thalía: Ernestina Sodi y Laura Zapata.

El día de su detención, el comandante Bayardo, que entonces tenía 40 años, adujo ser un agente infiltrado por la DEA, cuyas labores implicaban descubrir los nexos existentes entre narcotraficantes y mandos policiales. Confesó también que recibía sobornos de miles de dólares mensuales por parte del cártel de Sinaloa, a través de Reynaldo *el Rey* Zambada, hermano del *Mayo*. Capturado junto con los agentes de la PFP Jorge Cruz Méndez y Fidel Hernández García, el nombre de Bayardo ya había aparecido en varias "narcomantas", junto con el de García Luna y el de Garay Cadena, acusados de ser protectores del tráfico de drogas.

Bayardo confesó que su encomienda fundamental era la de ubicar a los hermanos Beltrán Leyva y a sus secuaces, para que éstos fueran capturados por la autoridad. Este "recurso del método" es usual en los cruces de impunidad, protección y sobornos que se dan entre autoridades y traficantes de droga. Los ejemplos sobran, siendo el más emblemático de la historia reciente de México el de la ayuda que proporcionaba (según los expedientes oficiales del caso) el general Jesús Gutiérrez Rebollo a Amado Carrillo Fuentes, a quien incluso se le suministraban elementos de tropa para liquidar enemigos y trasegar las sustancias ilícitas. Por su parte, el ex procurador Eduardo Medina Mora aseguró que Bayardo era un posible participante del frustrado bombazo a la ssp del Distrito Federal, dos años antes.

En varios cateos realizados por la autoridad se encontraron algunas listas de las que se pudo inferir que *el Rey* Zambada poseía la nómina de policías y militares al servicio de los Beltrán Leyva y de *La Familia* michoacana. La información era tan comprometedora que, poco después de dar con las listas, un comando de la PFP fue descubierto tratando de ingresar a la casa de la colonia Lindavista en donde habían sido sorprendidos *el Rey* Zambada, sus hijos y sus secuaces. Querían "limpiar" el escenario de huellas y de documentos comprometedores.

El comandante Bayardo describió en su propia declaración patrimonial dos residencias con valor de cuatro y 5.5 millones de pesos las cuales fueron pagadas al contado, así como un Mercedes Benz, un BMW y una Cherokee blindada con valor sumado de 2.5 millones de pesos, todo esto en 2008. También declaró poseer varias obras de arte, un importante menaje de casa y no pocas joyas. La suma del patrimonio declarado ascendía oficialmente a 28 millones de pesos, a pesar de que su sueldo neto era apenas superior a los 26 mil pesos mensuales, más la compensación por riesgo.

Antes de todo lo aquí narrado, Bayardo había participado en la detención del colombiano Éver Villafaña, contacto de los hermanos Beltrán Leyva con el cártel del Norte del Valle colombiano,[1] encabezado por Teodoro *el Gaviota* Fino, y también de varios cabecillas de *Los Zetas*. Es decir, no quedan dudas de que el comandante

---

[1] El gobierno colombiano confirmó los nexos Beltrán-Villafaña en diciembre de 2009, pocas horas después de que el capo mexicano hubiera sido liquidado.

era un enemigo declarado de los Beltrán, subordinado jerárquicamente al comisionado de la PFP, Víctor Gerardo Garay Cadena, quien paradójicamente favorecía a los Beltrán.

Bayardo también aportó datos sobre la existencia de una presunta narconómina de los Beltrán, en la que quedaba constancia de los pagos que éstos hacían a más de una veintena de oficiales de la IX Zona Militar de Sinaloa, por la cual fueron enviados a prisión diversos mandos y soldados, dentro de la averiguación 59/2008 de la PGR. Entre los acusados estaban: Francisco de Jesús Pérez Chávez (que recibía 150 mil pesos quincenales), Alberto Cortina Herrera, Ricardo Ramírez León, Humberto Ramiro López Cornejo, Humberto Solís Galicia (los dos últimos percibían 70 mil pesos mensuales), Pedro Sergio Jonguitud Barragán y el subteniente Calleja Bendaño (estos dos recibían 100 mil pesos).

Durante su detención, Bayardo argumentaba que como colaborador de la agencia antidrogas de Estados Unidos se había incrustado en la estructura de un Zambada, hermano de uno de los capos más importantes de Sinaloa. Aunque le ayudaba a éste localizando a sus enemigos, Bayardo aseguró que rendía informes de sus actividades a la autoridad. Si todo lo que Bayardo relató entonces es cierto, estamos ante un hombre que cobraba en la PFP y en la DEA, al tiempo que recibía miles de dólares de parte del *Rey* Zambada.

Según la autoridad, el día de su detención, *el Rey* llamó desesperadamente a Bayardo para saber si quienes estaban rodeando la residencia de Wilfrido Massieu 430, en la colonia Lindavista, aquel 20 de octubre, eran policías. El hijo de Zambada declaró ante el ministerio público: "Le dije a mi padre que le marcara a Bayardo para que nos ayudara, porque mi papá le había dado mucho dinero para que lo protegiera. Llamó, pero nadie llegó".

"¿Sabes por qué no llevaba escoltas Edgar Enrique Bayardo del Villar cuando fue asesinado?", me pregunta un policía federal que conoce el asunto a fondo: "Porque ni siquiera tenían sus armas de cargo, hacía meses que nadie quería estar adscrito a su vigilancia; él tampoco los quería a su lado, pues así, desarmados, no le servían para nada".

En efecto el "testigo protegido" o "testigo colaborador", que así lo llamó el vocero de la PGR, Ricardo Celso Nájera Herrera, "salió inclusive sin siquiera avisar a las gentes de la custodia en la casa de seguridad donde él se encontraba". Un "testigo colaborador" no está detenido, ni sujeto a proceso o a investigación específica, explicó Nájera de manera confusa: "Su situación no es precisamente la de una persona que se encuentre recluida en lugar alguno. El 'testigo colaborador' está en una casa de seguridad para mantenerlo en custodia". Es decir, no está recluido, aunque sí custodiado dentro de una casa de la PGR, la cual "tiene la suficiente seguridad para que nadie pueda sufrir algún atentado de afuera hacia dentro; también dentro de la casa ellos tienen total libertad para circular, platicando o realizando cualquier labor".

En efecto, las autoridades no protegen a sus testigos: la situación descrita por Nájera puede bien ser la causante de la muerte de los dos testigos asesinados en un lapso de 10 días: Bayardo y el joven Jesús Zambada, estaban en la casa de seguridad de Santa Úrsula Xitla, en Tlalpan, que fue incautada al *Señor de los Cielos*. Las leyes mexicanas, según Nájera, contemplan únicamente la figura de "testigo colaborador" y no la de "testigo protegido". Por eso ahora la instrucción del procurador Arturo Chávez Chávez es la de llevar a cabo una revisión del funcionamiento de la misma y de la condición de los testigos excepcionales: "También de las reglas que deberán cumplir quienes queden dentro de esa figura en nuestro sistema de derecho".

Las acusaciones que Bayardo hizo tras ser detenido nos resultan fundamentales para entender uno más de los espacios de poder por los que luchaban *el Chapo* y *el Barbas* Beltrán Leyva. De las averiguaciones ministeriales por la Operación Limpieza de 2008, en la que aparecieron involucrados con organizaciones criminales mandos de la PGR, Sedena y de la SSP federal, se concluye que Bayardo y quien fuera su jefe, Víctor Gerardo Garay Cadena, se espiaban mutuamente, pues servían a grupos que, tras la gran escisión, se volvieron rivales. Así pues, Bayardo era espiado por su jefe y había sido filmado saliendo de las casas que tenía Reynaldo *el Rey* Zambada en Lindavista, por lo que fue acusado de brindarle protección al capo.

Pocos días después, convertido el acusado en el principal testigo de cargo contra quien le hacía las imputaciones, Bayardo señaló a Garay Cadena de estar al servicio de los Beltrán Leyva, a quienes dejó escapar en al menos tres ocasiones en las que tuvo oportunidad y órdenes de capturarlos. Bajo el seudónimo del *Tigre*, Bayardo detalló, entre otras cosas, la red de complicidades que tenía el hermano del *Mayo* en el Aeropuerto Internacional de la Ciudad de México, desde donde operaba las salidas y las llegadas de las cargas de cocaína y del dinero en efectivo. Según *el Tigre*, lo cual fue ratificado por otro testigo cuyo nombre clave era *María Fernanda*, en la Terminal 2 los miembros del cártel sinaloense tenían una empresa denominada Aviones, S.A. de C.V., así como varios hangares, como el de AESA, con acceso directo a las pistas, y al menos dos helicópteros y tres aviones, a los que cada mes se les modificaba el color y de vez en cuando se les cambiaba la matrícula, bajo la administración de Raúl Marín y un militar retirado.

La manera en la que funcionaba la trama aeroportuaria era aparentemente sencilla. Se fingía que las aeronaves pertenecían al municipio de Ecatepec, el contacto para hacerlo se llamaba Edwin Said González Isaías, que se hacía pasar como oficial de la AFI y de la Interpol. Los aviones mencionados eran solamente una parte de una flota de al menos 13 con los que Zambada traficaba droga desde varios aeropuertos de Sudamérica, donde sobornaba a los empleados que controlaban el movimiento de carga y pasajeros. Toda esta información aparece en la averiguación PGR/SIEDO/UEIDCS/359/2008, en la que *el Tigre* describió, como una de las muchas formas utilizadas para burlar las revisiones ordinarias, de qué manera diversas personas se hacían pasar por lisiados, pero llevaban maletas repletas de dinero bajo sus sillas de ruedas.

Muerte a familiares y testigos incómodos

Como recién hemos contado, de la vesania criminal no se libran los testigos supuestamente protegidos. Tampoco lo hacen, aunque podrían aportar muchísima información sobre los casos relevantes para el gobierno y para la sociedad, otros individuos: paseantes, hermanos, conocidos, choferes, secretarias. Así, no es casual la secuela de asesinatos tras la balacera en la que perecieron el cardenal Juan Jesús Posadas Ocampo y otras seis personas, el 24 de mayo de 1993, ni la serie de ejecuciones que se registraron en torno al crimen de Luis Donaldo Colosio, el 23 de marzo de 1994.

El colmo de esta situación ocurrió en diciembre de 2009, cuando varios sicarios de *Los Zetas*, aliados del cártel de los hermanos Beltrán Leyva, fueron hasta Paraíso, Tabasco, a masacrar a la familia del marino Melquisedec Angulo Córdova, horas después de que el cuerpo del cadete —muerto durante la incursión de elementos de élite de la Armada al condominio de Cuernavaca donde terminaron los días de Arturo Beltrán Leyva— fuera objeto de un homenaje oficial en las instalaciones de la Secretaría de Marina de la ciudad de México.

Como en muchas otras ocasiones, el gobierno de México fue incapaz de salvaguardar a los familiares de Melquisedec. También ha fracasado la autoridad al intentar preservar la vida de los testigos "protegidos" y la de personajes clave en investigaciones de interés nacional. Pero esta vez las cosas fueron más allá: el gobierno inclusive contribuyó a la muerte violenta de una familia por su afán de exaltar los "logros" contra el narco. Exaltación que contribuyó para que 2010 comenzara con más ejecuciones que los años anteriores. El siguiente dato nos da una idea de la espiral sangrienta que hoy agobia al país: hace apenas un par de años, el diario *Reforma* exaltaba en su encabezado principal la escandalosa cifra de 63 ejecutados en una semana; pues en 2010, el año del bicentenario de la Independencia y del centenario de la Revolución, esos 63 ejecutados fueron empatados tan sólo el 9 de enero.

Este hecho recuerda, de manera inevitable, las declaraciones de Eduardo Medina Mora, del fallecido Juan Camilo Mouriño, de Genaro García Luna, de Fernando Gómez Mont, del propio presidente Felipe Calderón y de una multitud de funcionarios federales, quienes no se cansan de sostener que tanta muerte y tanta violencia constituyen una reacción de organizaciones criminales frente a la firmeza con la cual el gobierno está combatiendo a los narcotraficantes. Para esos funcionarios la pregunta sería: ¿cuántos muertos se necesitan para triunfar en esta guerra? ¿Cuánta violencia? ¿Cuántos montajes?

Volvamos al operativo de Cuernavaca el 16 de diciembre de 2009, en el que fue liquidado Arturo *el Barbas* Beltrán Leyva, pues debemos anotar varios puntos relevantes:

1. El torso desnudo del cadáver de Arturo Beltrán Leyva, tapizado de billetes cuidadosamente colocados, intentaba convertirse en un mensaje de venganza oficial: todo el dinero del mundo no te salvará de ser cazado y liquidado como un animal.

2. La imitación oficial del *modus operandi* de la delincuencia organizada fue tan burda que ni siquiera las autoridades (llámense marinos, ministerio público, agentes de cualquier policía, peritos, personal del servicio médico forense o fotógrafos con inventiva escenográfica de retrasado mental) se percataron de que estaban mostrando la prueba irrefutable del poder corruptor del *Barbas*: bajo los billetes aparece su llamado *huevo* o *charola* de comandante de policía, tal y como corresponde a un *jefe de jefes* de los cuerpos de seguridad a los que el capo compraba mediante ráfagas de cientos de miles de dólares mensuales.

Es absurdo declarar una guerra al tiempo que se consiente la complicidad oficial con el enemigo. Baste citar lo que ocurrió cuando el cardenal Posadas Ocampo fue asesinado en el aeropuerto de Guadalajara. En su libro *Asesinato de un cardenal. Ganancia de pescadores*, Jorge Carpizo y Julián Andrade sostienen:

Ese 24 de mayo, en vehículos pertenecientes a los narcotraficantes, se encontraron "conchas" o "huevos", distintivos metálicos de identificación de los que usaba la policía judicial, así como gorras. Una de esas "conchas" se hallaba cerca de uno de los dos pistoleros del *Chapo* que fueron sacrificados. Resultó falsa, porque no tenía en el reverso el registro grabado de las identificaciones auténticas.

Credenciales y placas metálicas del tipo mencionado también fueron ubicadas, a finales de 1992, en el camión Torton blindado en el que llegaron 40 pistoleros, bajo las órdenes del *Chapo* y *el Güero* Palma, a tratar de liquidar a los hermanos Arellano Félix en la discoteca Christine de Puerto Vallarta, Jalisco. Los capos y el cártel de Tijuana contaban con la ostensible protección de la policía de Baja California.

3. Como era lógico esperar, la burla pública a la que se sometió el cuerpo del capo, abatido por la violencia homicida institucional, provocó que se desataran los más bajos instintos de las que alguna vez se llamaron, pomposamente, Fuerzas Federales de Arturo o Fuerzas Especiales de Arturo, las cuales se cobraron, entre otras, la vida de la madre, las hermanas y demás familiares del único marino muerto en el operativo de los condominios Altitude.[1] Horas después, también fueron ejecutados el secretario de Turismo

---

[1] El comando que entró en la vivienda de la madre de Melquisedec el lunes 21 no dejó lugar a dudas de que lo que hacían era un cobro de cuentas, no contra la familia del marino sino contra un gobierno que ya cantaba victoria tras abatir a Arturo Beltrán. El presidente Felipe Calderón calificó de "cobarde y deleznable" al múltiple homicidio, aunque no le mereció comentario alguno la exposición mediática del cadáver del *Barbas*.

de Sinaloa, Antonio Ibarra Salgado, y su escolta Encarnación García Valdez.

4. Lo que debería haber sido un éxito de las fuerzas del orden contra los malignos, encarnados ese día en Arturo Beltrán Leyva, ya se había empañado desde antes del "crimen de Estado", cuando falló la localización y la captura del *Barbas*, que hacía 15 días había sido colocado por Washington en la lista de los narcos más peligrosos del mundo y, por ende, entre los más buscados por Estados Unidos.

5. El día del asalto a los condominios Altitude, las secretarías de la Defensa Nacional, de Seguridad Pública y la PGR quedaron fuera de toda participación.

Vale la pena recordar aquí que algunos altos mandos de estas dependencias federales fueron enviados a prisión, o se convirtieron en testigos protegidos, luego de la Operación Limpieza, ejecutada en México a partir de la denuncia en Estados Unidos del llamado testigo *Felipe*, en 2008. El tema central de la Operación Limpieza era que varios mandos pasaban información al cártel de los Beltrán, quienes pagaban hasta 450 mil dólares mensuales a militares y mandos policiales.

6. El de Cuernavaca no fue un operativo "quirúrgico". Solamente se guardaron las formas en el inicio, porque los marinos sabían a dónde dirigirse. Bajaron desde un helicóptero, exactamente un día después de que Estados Unidos entregara otros cinco helicópteros Bell 412 para la lucha

antinarco, dentro de la ayuda en especie de la Iniciati
Mérida, que implica mil 400 millones de dólares durant
sus tres primeros años. Y es que en tierra ya nada fue "quirúrgico": murió un civil durante el enfrentamiento de los
marinos contra los sicarios que protegían a Beltrán Leyva,
y los participantes de dos fiestas, una de adolescentes y la
otra infantil, fueron encerrados en un auditorio hasta más
allá de las cinco de la madrugada del día siguiente.

7. México debería tener establecidos protocolos de protección, no solamente de sus "testigos" o delatores, pues más
de media docena de personas han sido ejecutadas mientras
estaban bajo resguardo de la autoridad. Los más recientes fueron Jesús Zambada y el ex comandante Bayardo,
de quienes hablamos en el capítulo anterior, y algunos de
los primeros fueron aquellos a quienes la ministra de la
Suprema Corte de Justicia de la Nación, Olga Sánchez
Cordero, se refirió cuando dijo que, al llamar a declarar
a testigos protegidos del maxiproceso de Cancún, a finales de los noventa, mucha fue su sorpresa pues caso por
caso y uno tras otro le iban diciendo que los susodichos
ya no existían; eran más de 20, recordó en su momento
la magistrada.

Irma Córdova Pérez, la madre de Melquisedec, había
recibido, horas antes de ser asesinada, la bandera que cubría
el féretro de su hijo de 30 años; la Armada le había ofrecido una pensión vitalicia y becas para los hijos pequeños de
Melquisedec. Los familiares "cuentan con el incondicional

162

apoyo de la Secretaría de Marina en estos difíciles momentos", se les dijo horas antes de ser ejecutados.

De nada vale que los marinos, soldados de élite, policías federales o estatales actúen con el rostro cubierto con pasamontañas si después se dan a conocer los nombres de los participantes en los operativos y hasta se facilita y se propicia que éstos sean entrevistados en la televisión —en aras de apuntalar la imagen de que el gobierno sigue obteniendo logros contra la delincuencia—, tal como ocurrió con doña Irma la noche anterior a su ejecución, quien fue expuesta en un noticiario de alcance nacional.

8. El gobierno federal no fue capaz de controlar los daños que dejó el perverso y exhibicionista manejo del "triunfo" sobre el cártel de los Beltrán Leyva. La Segob emitió un comunicado, el viernes 18 de diciembre, afirmando que el operativo "fue diseñado y ejecutado para proteger a la ciudadanía que se encontraba en el lugar de los hechos", con personal de la Armada que "actuó con profesionalismo para evacuar y proteger a las personas inocentes".

De manera increíble, por lo que supone de cinismo y aceptación de una realidad desbordadamente corrupta, la Segob destacó, como un gran logro, el hecho de que "se preservó el secreto y se evitó la filtración de información". A tres años del inicio de "la guerra" contra el tráfico de drogas y la delincuencia organizada, ¿cómo es posible que hasta ahora se hable de que "las labores de inteligencia son un arma eficaz y poderosa en la lucha contra el crimen"?

Es cuando menos increíble que, sobre la fotografía e.
la que aparece "el occiso desvestido y cubierto con billetes", Gobernación afirmara que "ninguna institución del
gobierno federal fue responsable de su publicación [¿de
su montaje sí?], pues los procedimientos legales establecidos no permiten a los elementos navales realizar funciones de peritaje". Luego de echarle la culpa de las fotografías
al gobierno de Morelos, Gobernación ensalzó el éxito del
operativo: "Se trata sin duda de un golpe contundente a
esta peligrosa organización criminal que debe entenderse
como un logro de todos los mexicanos".

9. Es el gobierno de Felipe Calderón el que ha declarado la
"guerra" al crimen organizado. En esta tesitura, según
la Convención de Ginebra, en su título II, "los prisioneros de guerra están en poder de la potencia enemiga [aquí la
fuerza pública] y no de los individuos o de los cuerpos de
tropa que los hayan capturado […] Los prisioneros de guerra tienen derecho, en todas las circunstancias, al respeto de
su persona y de su honor". Por lo que hace a los muertos, la
sección III del mismo documento asegura: "Las autoridades velarán porque los prisioneros de guerra sean enterrados
honrosamente, si es posible, según los ritos de la religión a
la que pertenecían […] y que sus tumbas sean respetadas".

10. ¿Fue gracias a información privilegiada que los sicarios
de los Beltrán llegaron hasta la casa de la mamá del marino Melquisedec Angulo? ¿O fue por culpa de la difusiór
mediática del velorio con honores en la Marina y del posto

rior sepelio familiar? ¿Son las autoridades las únicas obligadas a preservar la identidad, el domicilio y el modo de vida de los familiares de un marino? ¿O también tendrían los medios de comunicación que proteger a quienes el gobierno desprotege?

Los ejemplos sobre esta situación son muchos. Tras la muerte del cardenal Posadas, por ejemplo, sobrevinieron muchos crímenes que de alguna manera se relacionaron con la investigación —o con los obstáculos puestos a las pesquisas—, entre ellos el del sicario Ramón Torres Méndez, apodado *el Spunky*, quien al parecer fue golpeado, hasta provocarle una broncoaspiración, en su celda de la cárcel de Guadalajara.

El 11 de junio de 1994, hablando de otro caso, volaron en pedazos dos gatilleros de los hermanos Arellano Félix: Guillermo *el Boni* Gómez Chávez y Marcial González Núñez, quienes habían sido comisionados para poner un coche bomba en el hotel Camino Real de la capital tapatía, donde se celebraba la fiesta de 15 años de Karime, hija del capo Luis Enrique *el Quique* Fernández Uriarte. En el sitio se hallaron facturas endosadas por los Arellano.

Así también, el día de las madres de 1995 fue acribillado, al salir de su casa, el ex procurador Leobardo Larios, quien había conducido las investigaciones del caso Posadas, cuando se dirigía a impartir clases en la Universidad de Guadalajara. Después se supo que, en su asesinato, participaron al menos 10 pistoleros.

En Los Mochis, Sinaloa, murió a balazos Juan Carlos *el Chucky* Ibarra Cota, uno de los gatilleros del cártel de Tijuana que participó en la balacera del 24 de mayo de 1993 en el aeropuerto de Guadalajara.

También fue baleado y asesinado Edgar Antonio García Dávila, quien tenía apenas 22 años cuando fue muerto el cardenal y quien participó en el trágico enfrentamiento por invitación de Francisco Javier *el Tigrillo* Arellano (hoy preso en Estados Unidos). Varios sicarios le dispararon más de 80 balazos en La Calma, Zapopan, en marzo de 1996.

Por último, recordemos que un jefe de grupo, que participó en las investigaciones del caso Posadas, fue estrangulado el 25 de mayo de 2000 en su domicilio del Distrito Federal. Para entonces ya había sido liquidado Alejandro Jiménez Reyes, primer funcionario de la PGR involucrado en el caso de la muerte del cardenal.

Vergonzosa entrega a Estados Unidos

Aunque usted no lo crea, Jesús Alberto Bayardo Robles *el Gory*, el primer detenido por el asesinato del cardenal Juan Jesús Posadas Ocampo, testigo fundamental para la investigación, fue entregado en secreto por el gobierno mexicano a Estados Unidos hace más de 12 años, supuestamente "en préstamo" para investigar a los gatilleros del Barrio Logan, varios de ellos participantes en el crimen contra el prelado. Todavía no lo regresan a México.

Los últimos en enterarse de esta vergonzante entrega fueron los jueces de la causa, el décimo penal José Armando Espinoza Niño y el noveno de distrito en el Estado de México. El primero ya había enviado dos oficios al penal de Almoloya para que *el Gory* fuera trasladado a Jalisco e iniciar diversas diligencias del proceso por el asesinato del cardenal. Fue hasta que el juzgador amenazó iniciar una averiguación judicial "por desaparición de reo" que la directora del Centro Federal de Readaptación Social, Celina Oceguera, le informó oficialmente que Bayardo Robles había sido entregado a la PGR el 10 de junio de 1997.

El Gory fue entregado ese día, a las 18 horas con 20 minutos, a los agentes del FBI Alan Bersin, Edgar Walker y el agente de la DEA George W. Wenables. Según el acta circunstanciada que se levantó entonces, habrían hecho la entrega de Bayardo los funcionarios de la Unidad Especializada en Delincuencia Organizada (UEDO) Samuel González Ruiz y Cuauhtémoc Sánchez Magallán.

En marzo de 1997, cómplices de los gatilleros del Barrio Logan de Los Ángeles que participaron en la balacera de Guadalajara asesinaron en Tijuana al padre del *Gory*, el señor Carlos Bayardo, y a su esposa María de la Paz Olague. Tres meses después, el confeso sicario aceptaría ser llevado a Estados Unidos.

El hombre había sido militar y le pidió trabajo a su compañero de infancia Alfredo Araujo *el Popeye*, reclutador de sicarios para el cártel de los Arellano Félix. Araujo lo recomendó con su jefe *el C.H.* David Barrón, quien lo contrató y lo envió a Guadalajara con otros pistoleros con la misión de hallar a Joaquín *el Chapo* Guzmán y liquidarlo.

Pero Bayardo era adicto a las bebidas alcohólicas y a las drogas. Totalmente intoxicado fue capturado la misma noche del 24 de mayo, tras el homicidio del cardenal, en el hotel Vista Plaza del Sol, cuando se negó a pagar varios whiskys que pidió y además peleó con el mesero y le arrebató su cartera.

El Gory aportó la información más relevante del por qué él y otros pistoleros estaban en Guadalajara y aportó datos precisos que sirvieron para detener a otros integrantes del cártel de Tijuana. Sin embargo, cuando rindió declaración el 15 de enero de 1999 en Los Ángeles, intentó desvirtuar su propia participación en los hechos. Dio una pista muy interesante: que para "el trabajo" que cumplirían en Guadalajara les ordenaron cortarse el pelo al estilo militar.

Sobre este asunto, en el citado libro *Asesinato de un cardenal. Ganancia de pescadores*, Carpizo y Andrade escribieron lo siguiente:

Cuando Estados Unidos solicitó la entrega del *Gory*, expresó que lo devolverían en cuanto hubiere rendido su testimonio y las circunstancias lo permitieran. Hace mucho que *el Gory* realizó dicho testimonio, pero no lo han regresado a México, y nuestro país no ha hecho ninguna "gestión pública" al respecto. Mientras para Estados Unidos —aun en el caso de que fuera para ellos un testigo importante, que no lo creemos— es uno entre muchos; en contraste, para México es un testigo "estrella" —pero únicamente por los hechos que le constan— en uno de los casos que más han conmovido al país, que más se han discutido y en el cual más intereses de toda índole han intervenido. No se vale. Qué débil debió sentirse la autoridad mexicana que, al respecto, no ha dicho esta boca es mía. ¡Qué vergüenza!

Y, sin embargo, no lo aseguramos, la estancia del *Gory* en Estados Unidos, lesionando nuestra soberanía y dignidad como país, al final de cuentas puede resultar lo menos malo en el caso Posadas, porque su última declaración no reviste importancia jurídica alguna, en virtud de que es un testigo de oídas; pero las anteriores sí son trascendentes, porque es un protagonista de los hechos que narró, y en una cárcel mexicana podría ser eliminado, como lo han sido otros de sus compañeros y algunos de sus familiares, y únicamente serviría para alimentar la red de dudas e incertidumbres que los pescadores [refiriéndose al cardenal Juan Sandoval Íñiguez, al ex secretario de Gobierno de Jalisco y al ex diputado Fernando Guzmán Pérez Peláez, sobre todo] han hilado.

El poder y las manos del narcotráfico casi no tienen límite alguno. Ojalá que *el Gory* esté bien resguardado en la cárcel estadounidense; pero nosotros somos de las generaciones que creemos en la soberanía y dignidad nacionales. Este episodio del *Gory*, dado en préstamo a Estados Unidos por una corta temporada que ya se prolonga por años, se nos atraganta; no lo acertamos a digerir: ¿qué opinaría usted si México le "prestara" a Mario Aburto a nuestro vecino país del norte y después se negara a regresarlo?

Es muy grave que un ex procurador dé por hecho que un testigo central de un caso tan relevante como el asesinato del cardenal Posadas pueda ser asesinado, sin más, en una cárcel mexicana. Más grave aún lo que el también ex secretario de Gobernación revela: que desde Almoloya se había dado la orden de asesinarlo a él, a Carpizo, según le informó la abogada y defensora de derechos humanos Tere Jardí en mayo de 1995: "A Carpizo de inmediato le vino a la mente el asesinato del ex procurador de Sinaloa, [Rodolfo] Álvarez Farber, cuyo autor intelectual fue el ex comandante [Mario Alberto] González Treviño, recluido entonces [y hasta 2010 todavía] en la prisión de Almoloya".

El canciller José Ángel Gurría y el presidente Ernesto Zedillo le ofrecieron a Carpizo irse a París como embajador de México en Francia y él aceptó.

¿La tropa impidió el rescate?

Los problemas que el gobierno enfrenta a la hora de proteger a sus testigos no son menores a los que al parecer enfrenta cuando se trata de poner de acuerdo a sus distintas instituciones. Y es que quizás porque se celebraba el día de los santos inocentes, la PGR salió a dar la cara, mientras la Sedena guardaba silencio, para afirmar que los militares "sí participaron" en el operativo en el que resultó muerto *el Barbas*, contradiciendo así la información que por entonces ya daban todos los medios y que aseguraba que habían sido únicamente los miembros de élite de la Armada los involucrados en el operativo. Precisó la PGR: "Aun cuando se ha cuestionado la nula o escasa participación del Ejército [su presencia y acción en los hechos], permitió no sólo brindar seguridad perimetral en los condominios Altitude, sino que evitó un posible rescate de Beltrán al detener a sujetos armados que habían arribado al lugar con la pretensión de rescatar a su jefe".

La intervención de la Sedena "resultó fundamental para que

personal de la Armada de México concluyera con éxito el operativo desplegado", se aseguró entonces.

En dos sucesivos gobiernos panistas hubo dos Operaciones Limpieza: una, en octubre de 2002, durante el gobierno de Vicente Fox, y otra, seis años después, ya con el gobierno de Felipe Calderón. Desde la primera se dio a conocer que había infiltración del narco en tres instituciones: la PGR, la Sedena y la SSP federal.

En aquel entonces, los generales Clemente Gerardo Vega, secretario de la Defensa, el procurador Rafael Macedo de la Concha (hoy agregado militar ¡en el Vaticano!), así como el titular de la SSP, Alejandro Gertz Manero, delataron, en rueda de prensa conjunta, una red de infiltración en las instituciones.

El sargento Marcelino Alejo Arroyo López, se dijo por aquellas fechas, le pasaba información a *La Empresa* (como ya dijimos que se referían los Beltrán Leyva a su organización) proveniente de la oficina de Inteligencia Antinarcóticos del Ejército. Además del mencionado, los sargentos Venancio Bustos Espinoza y Pedro González Franco recibían dinero del ex militar Pedro Bárcenas. Por entonces fue capturado un traficante muy cercano a los Beltrán Leyva, Arturo *el Chaky* Hernández. Bárcenas, que era su subordinado, así como otro ex militar clave en el asunto, el capitán Francisco Tornez Castro, eran los encargados de las negociaciones corruptas "en el estado de Morelos".

En 2008 la segunda Operación Limpieza arrojó más detenciones relevantes: las del ex subprocurador Noé Ramírez Mandujano, del ex alto comisionado de la PFP, Víctor Gerardo Garay Cadena, los ex directores de la Interpol, Rodolfo de la Guardia y Ricardo

Gutiérrez Vargas, entre más de dos docenas de civiles y militares. Noé Ramírez Mandujano era, en el momento de su detención, el representante de México en las oficinas de Naciones Unidas en Viena, precisamente en temas de narcotráfico. Este funcionario, a quien muchos consideran víctima de una venganza interna y del fuego amigo, reconocía el tamaño del reto de la criminalidad extrema y era partidario de aplicar a los delincuentes organizados un "Derecho penal del enemigo", que definía de esta manera: "Igual para los iguales ciudadanos, desigual para los desiguales enemigos". Él mismo lo explicaba, en un texto que publicó el Instituto Nacional de Ciencias Penales (Inacipe), de la siguiente manera: "No vivimos en un Estado ideal para aplicar normas ideales; vivimos en un Estado en conflicto en el que la delincuencia organizada tiene un gran poder". Hoy este teórico de la tolerancia cero está consignado por haber, presuntamente, servido al narco a cambio de cientos de miles de dólares mensuales. Inocente o culpable, a Ramírez Mandujano se le revirtió buena parte de la receta que ofrecía para volver legal la restricción de garantías y derechos procesales a los "enemigos inculpados", por lo que le resulta cuesta arriba probar su inocencia y defenderse de manera eficiente.

El paradójico destino de Ramírez Mandujano, sacrificado dentro de la Operación Limpieza que emprendió la administración de Calderón a petición expresa del gobierno de Washington, es una parábola más de la guerra que con armas —no siempre legales— se ha emprendido contra un enemigo que se multiplica, reta, confronta, controla territorios, ejecuta a policías y soldados, que ya mató a un general del Ejército en Cancún, y que ataca convoyes gubernamentales, como le sucedió al gobernador de Chihuahua, José Reyes Baeza.

Lo más increíble de todo es que las instituciones del Estado no se ponen de acuerdo ni siquiera en el número de elementos que han sido asignados a la "guerra contra el narcotráfico". La cifra más creíble asegura que se trata de 50 mil soldados y marinos los que están librando la batalla. A esta cifra habría que sumar unos 30 mil policías federales preventivos y agentes federales de investigación que ya forman parte del nuevo esquema bélico, además de un número indeterminado, fluctuante y siempre creciente de policías estatales y municipales.

Contrasta con este despliegue al que se han destinado no menos de 120 mil millones durante cada uno de los tres años del actual gobierno federal, la falta de inteligencia (la del simple razonar y la de las investigaciones profesionales y científicas) y de trabajo conjunto, sin los cuales resulta imposible ubicar a los lavadores de dinero y a los protectores de cuello blanco, las propiedades, las empresas, las cuentas bancarias, las inversiones inmobiliarias y los circuitos financieros en los que ingresan miles de millones de dólares, producto de los múltiples tráficos de la delincuencia organizada: drogas, armas, personas y demás mercancías ilegales. Por supuesto, sin una mínima y sana vinculación entre instituciones se vuelve imposible no sólo lo anterior, sino la ubicación exacta del enemigo, que envía muchas señales equívocas para desorientar a un gobierno ya de suyo descoordinado.

Échale la culpa al enemigo

Tengo en mi poder un video que llegó a la Cámara de Diputados. Dura escasos cinco minutos y presenta a tres presuntos sicarios al servicio de los hermanos Beltrán Leyva que anuncian lo que está por pasar en Michoacán: ejecuciones al por mayor, decapitados, cadáveres en fosas clandestinas o "pozoleados",[1] todo para culpar al cártel de *La Familia* y generar así una feroz persecución de la autoridad contra esta organización.

Éste es un método muy socorrido entre mafiosos, que de esa manera buscan desorientar a la opinión pública y a las autoridades. Pero ¿por qué darle credibilidad a los mensajes que aparecen en puentes, pasos a desnivel o sobre los mismos cadáveres de las víctimas?

No es fácil dilucidar cuando alguien reivindica en verdad un hecho criminal y cuando lo hace de manera falsa e interesada. La

---

[1] Cuerpos deshechos en distintos ácidos.

175

realidad no miente: hay demasiadas "bolas de humo", lanzadas igual por el gobierno que por los delincuentes. Es lo mismo que ocurrió durante la "guerra sucia", que México padeció en los años setenta y ochenta del siglo pasado, cuando policías, soldados y grupos paramilitares, como los famosos *Halcones*, cometían fechorías, atracaban bancos, colocaban artefactos explosivos y hasta coches bomba para culpar a los grupos guerrilleros o a los dirigentes estudiantiles y así poder ir tras ellos, en una guerra de exterminio que lo único que parecía buscar eran justificaciones. Los traficantes han copiado el estilo de la autoridad y hoy perpetran delitos escandalosos en aras de que parezcan haber sido cometidos por sus enemigos.

El video del que hablaba antes, un fragmento del cual está en YouTube, alude a una reunión, que habría tenido lugar en Acapulco, entre Arturo Beltrán Leyva y su principal gatillero, Edgar *la Barbie* Valdez Villarreal, con representantes de *Los Zetas*. Supuestamente en esa reunión se habrían planificado actos criminales en Michoacán, de los cuales se culparía a *La Familia*. No se sabe quién interroga a los tres sicarios que aparecen en pantalla, pues la voz siempre se escucha en *off* y el entrevistador jamás aparece en la imagen. Los presuntos sicarios no se ven golpeados, sí en cambio presionados, a diferencia del caso de aquellos cuatro "supuestos" *Zetas* que en 2006 fueron interrogados ante una videocámara, en una imagen que muestra después cuando uno de los hombres es ejecutado.

En el video que llegó a la Cámara de Diputados (que con toda seguridad fue filmado por órdenes de *La Familia* michoacana) se acusa a Genaro García Luna, secretario de Seguridad Pública, de haber recibido una maleta repleta de dólares, en palabras de los gatilleros sometidos. Auténtico o prefabricado, el video describe una verdad de a kilo: la eterna cobertura de funcionarios del gobierno, políticos, jefes policiacos, agentes y militares para facilitar la libre circulación de los narcos.

A esta situación descontrolada, en la que todo el mundo culpa a todo el mundo, se suma la manipulación informativa que ejerce el gobierno, cuyos comunicados y declaraciones, en la mayoría de los casos, son transmitidos acríticamente, sin una duda razonable por parte de los periodistas y sin que exista el mínimo cuestionamiento por parte de los medios. Esta situación no abona a la resolución del problema sino que lo complica, y además genera en el camino casos espeluznantes, como el siguiente:

No se sabe si México se lo copió a Italia o si fueron los sicilianos quienes aprendieron del cártel de Tijuana, pero hoy en día, tanto allá como aquí, aparecen, cada tanto, individuos que confiesan haber disuelto cuerpos para que no quede ninguna huella de los crímenes. Así lo describe el libro *Gomorra*, de Roberto Saviano, escritor que ha debido esconderse desde la publicación de su obra para evitar ser victimado por los capos a los que denunció en su "viaje al imperio económico y al sueño de poder de La Camorra":[2]

---

[2] Aunque los vínculos entre la mafia italiana y los cárteles mexicanos son cada vez más estrechos, según documentan autores como Cynthia Rodríguez y su libro *Contacto en Italia*. En 2008, cuando el país invitado a la Feria Internacional del Libro de Guadalajara era Italia, la feria había convocado a Roberto Saviano, quien hubo de declinar su participación después de que el gobierno mexicano se declarara incapaz de salvaguardar su vida, ante la posibilidad de algún atentado en su contra, perpetrado por sicarios del narcotráfico.

Los Nuvoletta mandaron llamar al asesino del juez Falcone, Giovanni Brusca, el *boss* de San Giovanni Jato, para que eliminara a cinco personas en la Campania y disolviera a dos en ácido. Lo llamaron como quien llama al fontanero. Él mismo reveló a los magistrados el procedimiento para disolver a Luigi y Vittorio Vastarella: "Dimos instrucciones para que se compraran 100 litros de ácido muriático; hacían falta contenedores metálicos de 200 litros, de los que normalmente se utilizan para conservar aceite y están cortados por la parte superior. Según nuestra experiencia, había que verter en cada contenedor cincuenta litros de ácidos y, como estaba previsto suprimir a dos personas, hicimos preparar dos bidones".

El caso del mexicano Santiago Meza López, *el Pozolero*, es abismalmente diferente al narrado por Saviano, quien da los nombres de los dos seres disueltos de esa terrible manera. Aquí se dio por hecho que Meza López había dicho la verdad sobre los actos que le encargara el cártel de Tijuana, aun cuando no se reveló ni un solo nombre de sus presuntas 300 víctimas, de cuyos cuerpos no quedaban sino los dientes. ¿Por qué no creer entonces que los hombres disueltos fueron 20? ¿Por qué no 400 o 500? Aunque es el ministerio público el que tiene el monopolio de la acción penal, parece que el gobierno en pleno se ha apropiado del monopolio de la verdad, sin que exista espacio para cualquier apelación.[3]

[3] Sobre este asunto ironizó, públicamente, el investigador del Inacipe, Gabriel Martín Barrón Cruz, al decir que era necesario desmitificar las "verdades oficiales" que se nos endilgan todos los días y que la autoridad supone debemos de aceptar, como quien comulga con ruedas de molino.

El Pozolero Meza López aseguró, al hablar de su rutina, que para lograr su cometido hacían falta dos costales, un total de 40 kilos de sosa cáustica, para cada cadáver, el cual era previamente sumergido en un tambo de 200 litros, hasta la mitad de agua y con suficiente combustible para que el cuerpo desapareciera durante las ocho horas de hervor. Al final, aseguró, les prendía fuego a los restos del "pozole". Meza utilizaba guantes y máscara antigases, por si las dudas.

A continuación reproduzco el texto que escribí al enterarme de la noticia del *Pozolero*, el 25 de enero de 2009 (tres días después ya circulaban dos corridos sobre el personaje):

La fantasía es siempre un hecho positivo; lo que a menudo resulta un fraude es la realidad", escribía Gilbert Keith Chesterton hace ocho décadas. Hoy Felipe Calderón, distante años luz del potencial inteligente del escritor inglés, navega entre su propia fantasía de que va a poner punto final a la violencia que agobia al país (con el voluntarismo de inocuas declaraciones de guerra) y una terca realidad de cadáveres que se multiplica por todo el territorio nacional.

Había dos mil soldados en Chihuahua. Luego fueron siete mil. Había 500 policías federales y transitaban ya mil 500 en esa entidad fronteriza antes de las elecciones intermedias de 2009. ¿Ello hará que huyan los malvados? Más de lo mismo no implica solución al problema. ¿Cuántos militares se requieren para derrotar a sicarios que se reproducen como serpientes en la cabeza de la hidra?

El gobierno no ofrece estrategias alternativas. Ejército en las calles, cateos en domicilios de cualquier ciudadano, retenes violadores del mínimo derecho civil, pero ni una sola investigación seria para buscar en dónde está el producto monetario del tráfico de drogas.

¿Qué pasa con la presuntamente existente Unidad de Inteligencia Financiera?

Ya no analicemos lo que sigue: el narco paga campañas políticas, amenaza a autoridades locales, extorsiona a los alcaldes (plata o plomo), subsidia la operación cotidiana de municipios pobres, paga oficial y extraoficialmente a las policías, construye rutas para el trasiego de drogas a ciencia y paciencia de los poderes constituidos, "feudaliza" al país —para decirlo en palabras del doctor Edgardo Buscaglia— y va construyendo la pesadilla cotidiana de todos los mexicanos.

Dicen que Santiago Meza López *el Pozolero* disolvió en ácido 300 cadáveres.

Hoy tenemos un "pozolero" mayor, que intentaba antes de las elecciones de 2009 disolver mediáticamente a más de 10 mil ejecutados durante su administración (hasta enero de 2009, pues un año después estaban por llegar a los 17 mil) y exculpaba, con la mano en la cintura, a militares y policías violadores de derechos humanos de esta manera:

"Me parece que los costos asociados a combatir la inseguridad con determinación son abismalmente menores a simplemente dejar pasar a la criminalidad", justificaba el "pozolero" autopropagandístico Felipe Calderón.

A comienzos de 2010, un año después de la detención del *Pozolero*, el gobierno federal presumió un nuevo "triunfo" contra el narcotráfico: había detenido en La Paz, Baja California, a Teodoro García Simental, *el Teo* o *el Tres Letras*, ni más ni menos que el jefe de Meza López, sin lugar a dudas, uno de los hombres que más ha contribuido para que las escandalosas cifras de muerte y violencia de nuestro país hayan llegado al punto en el que se encuentran, tema del que hablaremos en el siguiente capítulo. La PGR ofrecía, desde marzo de 2009, 2.3 millones de dólares de recompensa para quien aportara datos para la captura del *Teo*, colocado en la lista de los 24 criminales más buscados. Viejo colaborador del cártel de los Arellano Félix, Teodoro se escindió de ellos y se dedicó a combatirlos (igual que los Beltrán Leyva se volvieron en contra del cártel de Sinaloa). A estos enfrentamientos se atribuyeron más de 600 ejecuciones en Baja California en 2009; *el Teo* participaba en la nueva ruta abierta por *el Chapo* para surtir droga al voraz mercado estadounidense.

Violencia incontenible

La cifra oficial de ejecutados durante los tres primeros años del gobierno de Felipe Calderón Hinojosa rebasó los 16 mil 300. En México no existen precedentes históricos sobre este nivel de violencia, ratificado en los primeros 11 días de 2010: antes del 12 de enero ya se habían contabilizado más de 300 asesinatos dolosos en el país.

Las formas que hoy tenemos de mostrar los extremos a los que ha llegado el terror generado por el tráfico de drogas y la delincuencia organizada son varias, pero me gustaría ofrecer algunos datos comparativos, con estadísticas en mano, que sirven para ilustrar lo dicho:

1. Las 283 ejecuciones en nueve días de 2010 son el doble, y algo más, de las 138 que se contabilizaron durante el mismo periodo en 2009, según la cadena radial mvs.

2. Otro recuento hemerográfico, en este caso del diario *Refor-*

ma, mencionaba 223 asesinatos en ocho días, contra los 106 registrados el año anterior.

3. Una y otra cifra, de cualquier manera, conforman un porcentaje de horror, equivalente, por simple operación aritmética, a 28 y 31.4 muertos por día, contra un promedio anual registrado en 2009 de 21.3 ejecutados cotidianos, que resulta de dividir el total de 7 mil 724 ejecuciones entre los 365 días del año.

4. México rebasó la cifra de 16 mil ejecutados en sólo tres años (en todo el sexenio de Vicente Fox habían sido ejecutadas poco más de nueve mil personas). Si se proyecta la cifra, estaríamos hablando de un gobierno, el de Felipe Calderón, con casi el cuádruple de ejecutados de los que dejó su antecesor.

5. En 2010, en una sola jornada, se rompieron todos los récords, pues el sábado 9 de enero los medios contaron hasta 69 muertes violentas; algo así como el *Guiness* mexicano de la muerte. Hasta entonces, los días más violentos habían sido el 17 de agosto de 2009, con 57 ejecutados, el 14 de julio y el 2 de septiembre del mismo año, con 53, de acuerdo con el seguimiento macabro de las muertes violentas que hace *El Universal*.

6. Diciembre de 2009 fue el mes con mayor número de ejecuciones: 842. No se conoce otro mes con tantas muertes dolosas.

Ahora hagamos un repaso de los resultados anuales:

1. En 2005 ya preocupaba la estadística criminal de mil 573 ejecuciones (4.2 por día).

2. En 2006, último año del sexenio de Vicente Fox, éstas subieron a más de 2 mil 200 (seis cada 24 horas).

3. En 2007 se registraron cerca de 2 mil 700 muertes (7.3 por jornada).

4. En 2008 se disparó la estadística, cuya cifra se duplicó en un solo año: 5 mil 630 (15.4 diarios).

5. Finalmente, la cantidad de los muertos con tiro de gracia, decapitados o descuartizados por día llegó a 21.3 en 2009, con los 7 mil 724 que la fría estadística señala.

El panorama es gravísimo. Dentro del inocultable descontrol oficial, la situación en Chihuahua, por ejemplo, se ha vuelto tan complicada que en esa entidad se concentra más de la mitad de las muertes dolosas del país. Peor aún: Ciudad Juárez, califica-da como "ciudad mártir" por los especialistas, ha visto correr la sangre de manera francamente insoportable: en 2009 ocurrieron por lo menos 2 mil 635 homicidios asociados a la llamada "gue-rra al narcotráfico", más de un tercio de los acaecidos en toda la República.

Para dar una idea clara del extravío de la brújula de la seguri-dad en el punto fronterizo, traduzco y ofrezco un comparativo: el número de ejecutados en 2009 en Ciudad Juárez, que sólo tiene algo menos de 1.5 millones de habitantes, supera a todos los crí-menes ocurridos en la República en cualquiera de los años que van de 2000 a 2006. Juárez registró tantas ejecuciones en 2009 como las que tuvo el país entero en 2007.

José Antonio Ortega, presidente del Consejo Ciudadano para la Seguridad Pública y la Justicia Penal, aludió a una tasa de 191 homicidios por cada 100 mil habitantes en Ciudad Juárez (mi cálculo es que supera los 200), cifra que la ubica, por segundo año consecutivo, como la ciudad más violenta del mundo, seguida por San Pedro Sula, en Honduras, y solamente comparable con la capital de Afganistán y algunas ciudades de África.

El año 2010 también comenzó con secuestros y asesinatos de periodistas. Hasta el momento son 61 los asesinados desde 2000 y 11 más los desaparecidos, según recuento de organizaciones gremiales nacionales e internacionales.

Faltaban pocas horas para que terminara 2009, cuando José Luis Romero, del noticiario *Línea Directa*, fue secuestrado en Los Mochis, Sinaloa. Su cadáver fue hallado un par de semanas después, con señales de tortura y baleado, dentro de una bolsa de plástico. En Saltillo, Coahuila, días después fue asesinado con saña evidente Valentín Valdés Espinosa, un reportero del periódico *Zócalo*. Su cuerpo apareció torturado, con la cabeza envuelta por cinta canela, con cinco disparos y un letrero amenazador para toda la prensa: "Esto le va a pasar a los que no entiendan [...] el mensaje es para todos".

El gobernador de Coahuila, Humberto Moreira, pronunció su "ya basta" contra el presidente Calderón, quien "encerrado en Los Pinos, está dirigiendo una guerra, con al menos mil soldados cuidándolo, y a La Laguna sólo envía 300 efectivos", sostuvo. "Lo de Valentín nos lastima a todos", pronunció a propósito del asesinato del periodista, con el que suman ya 61 los informadores ejecutados durante los dos gobiernos panistas. "Yo lo conocía como a ustedes y lo estimaba como a ustedes", manifestó el gobernador a los periodistas presentes. "Y esto es producto de una guerra que el señor [Calderón] emprende y, desde Los Pinos, encerrado, está dirigiendo esta guerra. ¡Pues qué cómodo! ¡Ya basta, presidente!" Horas después, Felipe Calderón le reviraba diciendo que es inadmisible suponer que cerrando los ojos, volteando la vista y cruzándose de brazos, como algunos pretenden, el problema se va a resolver: "Hay entidades del país donde dicen: 'Aquí hay violencia porque intervino el gobierno federal'. Hay entidades que solicitan la intervención de las fuerzas federales y después dicen: 'No, aquí hay violencia porque intervino el gobierno'. No es así".

En una metáfora poco afortunada, Calderón concluyó que, como ante un cáncer, un doctor frente al paciente "lo opera y le da radioterapia, le da quimioterapia; hay quien pretende decir que el error fue haber ido a ver al médico". Mientras el presidente se enfrentaba al gobernador, en internet varios usuarios comentaron: "Millones pensamos igual" que Moreira. "La guerra contra el narcotráfico ni es guerra ni se está ganando."[1] Y es que, a los ojos de muchos mexicanos y de no pocos políticos, el presidente, desde

---

[1] Hoy, sin el apoyo de la sociedad mexicana, el empeño belicista de Calderón sólo está siendo respaldado por el gobierno de Washington, al que le conviene que un país sumiso y débil haga el trabajo sucio y cargue con las culpas derivadas del tráfico de drogas; que con el pretexto del narco criminalice a mexicanos y extranjeros y los catalogue como hipotéticos terroristas es perfecto para el gobierno norteamericano, que no está dispuesto a aceptar que en su territorio también se da el trasiego de sustancias prohibidas, hay laboratorios en los que se

la comodidad de Los Pinos, no ha hecho sino mandar soldados a los lugares problemáticos, sin tener un verdadero control sobre lo que éstos hacen después. Los peligros de sacar a los militares a la calle no son pocos y hoy son evidentes algunas de las consecuencias: el descontrol político, la corrupción, la violencia de los cárteles y la aparición de grupos paramilitares.

elaboran drogas de diseño, existe el narcomenudeo, la siembra casera de mariguana y, por supuesto, persisten el lavado de dinero, el contrabando de armas y el consumo a gran escala de estupefacientes.

¿Paramilitarismo en México?

Contra el pronóstico de diversas organizaciones internacionales defensoras de los derechos humanos (Human Rights Watch, principalmente), Washington no retuvo un solo dólar de las ayudas militares y civiles contempladas en la Iniciativa Mérida, a pesar de que en el acuerdo existe una cláusula que prevé el condicionamiento de al menos 15 por ciento de los recursos ante la existencia de violaciones a las garantías de los mexicanos, derivadas de la actuación de militares en funciones de seguridad pública.

Incluso existe un informe del Departamento de Estado, encabezado por Hillary Clinton, que aunque acusa los reiterados abusos castrenses contra la población civil mexicana, no se atreve a informar sobre las 150 detenciones/desapariciones de ciudadanos denunciadas en Chihuahua; tampoco sobre la proliferación de torturas, allanamientos, ejecuciones, detenciones arbitrarias y demás atropellos en otras entidades del país.

El presidente Calderón, en su momento, lanzó el reto público para que se demostrara "un solo caso" de violaciones por parte del Ejército. Acto seguido, diversos organismos defensores de los derechos humanos exhibieron una lista de al menos 45 arbitrariedades extremas perpetradas por elementos castrenses. Aunque el gobierno hizo caso omiso de éstas, se trata de una crisis que ocupa y preocupa a todos los mexicanos.

Por desgracia, en todo esto hay un negro trasfondo: el del avance de un fenómeno de violencia que rebasa los falsos y propagandísticos llamados a la unidad, "a no confrontarse en tiempo de crisis y apoyar las decisiones del gobierno". Se trata de la proliferación incontenible de grupos paramilitares que cometen crímenes contra personas inocentes en todo el país. Hablemos, pues, de la aparición del paramilitarismo y de algunas de sus manifestaciones.

Entre otros hechos violentos atribuibles a grupos sin control, hoy podemos contar, cuando menos, cuatro ejecuciones masivas en albergues de rehabilitación para adictos de Ciudad Juárez. Así también, en Sinaloa aparecieron varios comandos ejecutores de "desechables", lo mismo que en Guerrero, Chiapas, Michoacán, Quintana Roo y Tabasco, estados que registran grupos irregulares.

Eduardo Correa, académico e investigador de la Universidad Autónoma de la Ciudad de México, advierte que

el paramilitarismo es una estrategia militar de contención a la protesta y al levantamiento popular; comienza por la propaganda, la sociedad lo observa sin barreras en sus formas de actuación más descarnadas; al principio es una guerra exclusivamente entre ellos, los guerreros del narcotráfico, pero sorpresivamente se pasa a acciones de "limpieza social", donde los que caen son los "desechables", es decir, los niños de la calle, las prostitutas, los travestis, los "ñeros" que deambulan o los jefes de pandillas [...] después siguen los periodistas, los académicos del pensamiento crítico, los sindicalistas, los dirigentes campesinos, estudiantiles, populares. Se trata de legitimar [a los paramilitares] para después golpear sistemática e implacablemente al conjunto de las organizaciones de la sociedad civil que pudieran generar formas de poder en coyunturas nacionales difíciles.

Para desgracia de nuestro país, hoy han empezado a multiplicarse, como hongos en un ambiente húmedo, ese tipo de grupos violentos, no identificables porque sus integrantes se cubren el rostro con pasamontañas. Podrían ser militares, policías federales o cuerpos privados de seguridad. Nadie lo sabe. Precisamente por esto, su grado de impunidad es absoluto.

Algunos de estos grupos se autodenominan "mata Zetas", "soplan vientos", "escuadrón de la muerte", "aztecas", "artistas asesinos", "comando justiciero" o "la línea". Emplean múltiples sobrenombres y en esencia son lo mismo: grupos paramilitares mexicanos que surgen a la manera de las Autodefensas Unidas de Colombia (AUC), esas fuerzas irregulares en las que se apoyó Álvaro Uribe para llegar a la Presidencia de su país.

Ejemplos de lo anterior, por desgracia, abundan: empresarios de Ciudad Juárez llegaron al extremo de subir a YouTube su "ya basta", su exigencia de justicia, al mismo tiempo que amenazaban a los sicarios del narcotráfico: "Han cruzado la línea; les advertimos que lucharemos por la vida y la libertad; aplicaremos la ley del Taleón *(sic)*, ojo por ojo, diente por diente". Los empresarios incluso ofrecieron (¿amenazaron?) ejecutar a un delincuente cada 24 horas. Este mensaje, que puede ser consultado en internet, aparece sobre la ejecución del *Gallo de Oro*, Valentín Elizalde, y al lado del narcomensaje: "Para los mataperros del *Chapo*".

Lo peor es que, mientras unos amenazan, otros actúan: el 2 de septiembre de 2009, un comando se apoderó de una clínica de rehabilitación, en Ciudad Juárez, y literalmente "fusiló" a una veintena de adictos. Era la cuarta vez que esto ocurría, como ya dijimos líneas arriba. A principios de 2009, un comando armado se apoderó de la cárcel de Torreón, Coahuila, y, sometiendo a los custodios, sus miembros atravesaron todos los filtros hasta llegar a donde estaban tres reos, a los cuales golpearon, maniataron, amordazaron, rociaron con gasolina y prendieron. Los sujetos, Ubaldo Gómez, Ernesto Palacios y Carlos Osvaldo Navarro, habían secuestrado a un poderoso empresario regiomontano, Rodolfo Javier Alanís Applebaum. En su incursión, el comando liberó a ocho reclusos. Del otro lado del país, en Cancún, apareció un grupo asesino en abril de 2007, que aún hoy deja mensajes sobre cadáveres: "Para todos los tiradores de droga; es mejor que se abran". Sinaloa es el ejemplo más reciente de lo que hablamos: en este estado, hasta la segunda mitad de 2009, habían aparecido por lo menos 35 jóvenes ejecutados en Culiacán, Mazatlán, Navolato, Los Mochis y otros tantos lugares del estado. "Por andar asaltando en la costera; no se enreden ratas, faltan ocho", rezaba un letrero sobre un cuerpo inerte, hallado en septiembre en la carretera que va a la sindicatura de San Pedro, Navolato. "Por rata de carros, casas habitación y comercios", decía otro encima de un ejecutado en Mazatlán.

También en el sur de la República surgieron los "mata Zetas", denominación que sirve para encubrir cualquier crimen aprovechando el hartazgo social por la incapacidad del gobierno para frenar la violencia. Por supuesto, Chiapas ocupa un lugar preponderante entre los estados sureños, pues ahí los paramilitares que perpetraron las matanzas de Acteal, hace 12 años, Paz y Justicia, el Movimiento Indígena Revolucionario Antizapatista (MIRA), los Chinchulines, Máscara Roja, los Puñales y la Alianza San Bartolomé de Los Llanos actúan ahora en el marco de la guerra contra el narcotráfico.

Hay que recordar que la mismísima *Familia Michoacana* comenzó siendo un grupo paramilitar, aunque luego terminaría convertida en un cártel más del narcotráfico. De hecho, esta organización se dio a conocer con desplegados periodísticos, a finales de 2006, en los que decía tener una "misión divina", que le encomendaba "poner orden" en su estado, erradicando la venta de *ice* y demás drogas sintéticas, y con la encomienda explícita de acabar, de una vez por todas, con las extorsiones y los asesinatos. Poco antes de estos hechos, la PGR los había ubicado como los autores de las decapitaciones que cimbraran Uruapan y Apatzingán, además de atribuirles nexos directos con *Los Zetas*, brazo armado del cártel del Golfo; como sabemos, *La Familia* se confrontó después con sus aliados originales, al grado de que los dos grupos se culparon mutuamente de haber arrojado las granadas que el 15 de septiembre de 2008 explotaron en Morelia.

En Guerrero, el cacique local Rogaciano Alba, aliado del cártel del *Chapo* Guzmán, presumía tener protección y ayuda del Ejército para el asesinato de sus enemigos. Varias personas supieron que Alba vivía dentro de las instalaciones de la XXXV Zona Militar; entre sus allegados se atrevió incluso a decir, entre bromas y veras: "Es el hotel más caro que he pagado en la vida".

En su libro *El cártel de Sinaloa*, Diego Enrique Osorno rescata parte de su entrevista con el *Comandante Ramiro* (Omar Guerrero Solís) del Ejército Revolucionario del Pueblo Insurgente (ERPI), quien estaba convencido de que los cárteles de la droga, particularmente el que lidera Joaquín *el Chapo* Guzmán, están ayudando al gobierno en labores de contrainsurgencia en México. Textualmente, el guerrillero dijo:

> Esa estrategia de combatir al narco es falsa. Aquí en Guerrero, por ejemplo, los narcotraficantes participan en las reuniones que lleva a cabo el Ejército. El gobierno del estado golpea a un cártel y protege al otro, pero en esencia son iguales, porque asesinan, secuestran y torturan. Aquí el cártel del *Chapo* Guzmán le está sirviendo al Estado y viceversa. Ahora el problema está en que los cárteles de la droga le están haciendo el trabajo sucio al gobierno mexicano.

Ramiro ubicó al cacique ganadero Rogaciano Alba como "el enroque [el vínculo] entre el Ejército y los cárteles de la droga". Hace apenas unos meses, este joven guerrillero se convirtió en una víctima más del "trabajo sucio" que denunció: su cuerpo apareció semienterrado, con cuatro balazos, en un predio de Palos Grandes,

Ajuchitlán del Progreso, en la Tierra Caliente, en noviembre de 2009. A Osorno ya no le dio tiempo de registrar la ejecución en su libro, que estaba en imprenta. Pero sí rescata lo que el *Comandante Ramiro* pensaba de Rogaciano Alba:

> Esta persona no se deja ver, pero lo cierto es que de manera constante estamos enfrentando a sus pistoleros y gatilleros, sobre todo en la zona de la sierra donde tenía el poder, era amo y señor. Él decidía todo, pero desde hace un buen tiempo ya no se aparece por la sierra. Gracias a que junto con las comunidades hemos implementado la autodefensa armada, pudimos evitar más derramamiento de sangre, porque las bajas nuestras eran pura gente del pueblo. Hubo muchos torturados, desaparecidos y ejecutados [no menos de 60 asesinados, decía, sobre todo en la Costa Grande y en Tierra Caliente].

En febrero de 2010 fue capturado Rogaciano Alba en una carretera cercana a Guadalajara, Jalisco. Confesó ser traficante de drogas desde hace muchos años, pero de entrada negó, por enésima ocasión, haber ordenado el asesinato de la defensora de derechos humanos Digna Ochoa en octubre de 2001.

También en Oaxaca, Michoacán, Tamaulipas, Morelos y el Estado de México hoy se reproducen grupos incontrolados, paramilitares que han empezado a asesinar y a sembrar aún más terror en México.

¿Y quién vigila a los militares?

El tema es casi inabarcable, pero así sea sucintamente, es hora de hablar de los atropellos castrenses. La violación a los derechos de los ciudadanos no es un dato nuevo, como tampoco lo es la colusión de militares con el tráfico de drogas.

En 2002, el batallón 65 de Infantería completito, con sus 600 soldados asignados a Guamúchil, Sinaloa, fue arrestado por sus nexos con el cártel de Sinaloa. Los soldados fueron acusados de trabajar al servicio de los hermanos Beltrán Leyva, de Jaime Palma Valenzuela y Miguel Beltrán Uriarte, según consta en las denuncias de entonces, a quienes les hacían servicios y les daban cobertura en las regiones de Mocorito, Badiraguato y Guamúchil.

En una ocasión, los militares incluso bajaron de la sierra cargando con bolsas de plástico repletas de billetes verdes: la suma casi alcanzaba el millón de dólares. El jefe de la región militar, el general Juan Heriberto Salinas Altés, denunció a los desleales jefes y soldados. Y el entonces secretario de la Defensa Nacional, Gerardo

Clemente Vega, avaló la denuncia y ordenó acuartelar a todos los acusados en octubre. Entre los involucrados estaban el general brigadier Héctor Porfirio Petronio Guadarrama Reynoso y los tenientes Marco Antonio Vázquez, Gerardo Monjaraz y Odín Cruz, quienes desertaron en cuanto comenzó la investigación de la Procuraduría Militar. Salinas Altés también fue jefe de la XXXV Zona Militar de Guerrero, oficial mayor de la Sedena y aspirante a titular de la misma dependencia. Hoy está de vuelta en Guerrero, una de las principales plazas que se disputan el cártel de Sinaloa, los Beltrán Leyva y *Los Zetas* y donde funge como titular de la SSP estatal.

El episodio de la sierra ocurrió durante el sexenio de Vicente Fox Quesada, cuando aún existían ciertos controles sobre el Ejército y no se le había dado manga ancha para invadir la mitad de los estados de la República. Pero como afirma el informe titulado *¿Comandante Supremo? La ausencia de control civil sobre las Fuerzas Armadas*, lejos de disminuir la violencia, "la presencia del Ejército en tareas de seguridad pública la ha atizado". En este examen de la actuación castrense, que ocupa más de 100 páginas, el Centro de Derechos Humanos Miguel Agustín Pro Juárez concluye que "en el sexenio de Felipe Calderón los controles civiles sobre el poder militar han desaparecido".

Tampoco hay control sobre la Armada de México, que a partir del golpe espectacular en el que muriera Arturo Beltrán Leyva parece ser la única institución con línea directa a las directrices emanadas desde Washington.

Ahora bien, el problema fundamental al que se enfrenta el Estado en los casos de los militares violadores de derechos humanos, como en los de aquéllos que son sorprendidos en relaciones corruptas con la delincuencia organizada —a veces ambos casos se mezclan, como en Ciudad Juárez, donde la llegada de ocho mil militares hizo que se multiplicara por 10 el número de ejecutados—, es que los hombres de verde se juzgan a sí mismos. "La inmensa mayoría de los delitos cometidos queda impune, son conocidos pero nunca investigados en el fuero militar". El Centro Pro afirma que las Fuerzas Armadas están entrenadas para actuar desde la lógica de la guerra contra un enemigo externo, y que son incapaces de desempeñar con una lógica diferente las tareas de seguridad pública que la administración de Calderón les ha conferido. "Por ello es riesgoso que realicen tareas policiales." Peor aún: la información disponible pone en tela de juicio la efectividad misma de los operativos militares.

Esta situación, en lugar de resolver un problema, como calculó el gobierno federal, genera uno nuevo y no menos grave: la percepción generalizada de los mexicanos de que el gobierno libra hoy una guerra que está perdida de antemano, una guerra fallida. Así, el Centro Pro asegura: "Los casos contabilizados en este informe no son los saldos de una guerra de la que el Estado mexicano esté próximo a salir victorioso. Por el contrario, parecen la consecuencia más grave de una política de seguridad que, además de riesgosa para los derechos humanos, incumple los objetivos que pretende alcanzar".

El documento, después de asegurar lo anterior, lleva a cabo el recuento de homicidios presuntamente relacionados con la delincuencia organizada, corroborando, como se ha insistido en este libro, el crecimiento exponencial que han tenido desde que se declarara la guerra a los cárteles. De mil 500 asesinatos en 2005 se pasó a más de 2 mil 500 en 2006. Para 2008, el número de asesinatos había llegado a los 5 mil 376 (otro recuento acusa 5 mil 630), lo que significó pasar de 7.3 ejecuciones diarias en 2007 a más de 16 homicidios por día en 2008.

Los nefastos resultados que ha traído el haber sacado a más de 50 mil soldados y cinco mil marinos de sus cuarteles para ponerlos en las calles es perfectamente descrito por las quejas recibidas por la CNDH contra los cuerpos militares: de 182 en 2006 se pasó a mil 230 en 2008. Se cuadruplicaron los allanamientos de morada y los cateos indiscriminados, los asesinatos en retenes y las muertes por tortura, las violaciones a mujeres, las desapariciones forzadas y las ejecuciones extrajudiciales durante operativos masivos. Peor que todo esto es la impunidad de los perpetradores de los atropellos y la ausencia absoluta de justicia para las víctimas.

Hoy parece que el país hubiera retrocedido cuatro décadas, situándose de nuevo en la denominada "guerra sucia", donde cualquier abuso oficial era permitido so pretexto de perseguir guerrilleros, simpatizantes, sospechosos o periodistas. ¿Periodistas? Sí. Hoy los periodistas son uno de los grupos de mayor vulnerabilidad y son, también, el grupo al que nadie parece estar dispuesto a defender. Pero de esto hablaremos en el siguiente capítulo, al volver al principio de este libro: el asesinato de Alfredo Jiménez Mota.

Vuelta al caso Jiménez Mota

"Un crimen que agudizó la violencia del narco", así se tituló el primer reportaje del Proyecto Fénix, iniciativa de diversos periodistas y diarios mexicanos que buscaban dar seguimiento a los asesinatos de trabajadores de la prensa. La intención original de este proyecto era publicar la nota referida, de manera simultánea, en diversos periódicos del país, en estaciones de radio y en canales de televisión, para que no se olvidara el caso de Alfredo Jiménez Mota, el joven periodista desaparecido en Sonora el 2 de abril de 2005.

La desaparición de Alfredo "detonó una serie de ejecuciones y ajustes de cuentas entre miembros de una célula del narcotráfico asentada en Sonora y puso al descubierto el florecimiento de los cárteles de la droga en la entidad", decía la nota publicada en 2006 por diversos medios a lo largo y ancho de la República, exactamente un año después de que el periodista fuera "levantado" y llevado con rumbo desconocido. Lo que no detonó entonces, y sigue sin detonar, fue la justicia. Ni siquiera la presión colectiva de la prensa fue capaz de despertar en las autoridades mexicanas la honestidad necesaria para comprometerse con el esclarecimiento de lo que, una y otra vez, ha sido justamente calificado como crimen.

De acuerdo con estadísticas oficiales, pero también según el seguimiento hemerográfico de *El Imparcial*, diario en el que trabajaba Jiménez Mota, durante el año que medió entre el "levantón" y la publicación del artículo citado se sucedieron 74 muertes violentas, 63 de las cuales fueron perpetradas por sicarios. Las líneas de investigación abrieron entonces varios frentes, por ejemplo, mientras se apuntaba a las familias que controlaban el tráfico de drogas también se acusaba a funcionarios locales y federales involucrados en estas actividades ilícitas. Sin embargo la hipótesis más firme señalaba a Raúl Enríquez Parra[1] —importante narcotraficante torturado y ejecutado en noviembre de 2005—, con quien podrían haber colaborado "funcionarios policiacos que nutrían de información al joven reportero".

El móvil del crimen perpetrado contra Jiménez Mota, aseguraba el primer reporte del Proyecto Fénix, podría haber sido que los textos del periodista "tendieron un puente entre las actividades delictivas de los Beltrán Leyva y los Enríquez Parra". A esta información se suma la obtenida en los testimonios que las autoridades tomaron a Elva Nidia y Johanna Guadalupe Palma Morquecho,

---

[1] A Raúl Enríquez Parra lo "levantaron", torturaron y asesinaron, junto con otros tres individuos, y luego arrojaron su cuerpo, envuelto en varias cobijas, en un terreno de Masiaca, Navojoa, Sonora. Los ejecutores del crimen dejaron en los bolsillos de las víctimas varias credenciales y una tarjeta bancaria, expedida en Estados Unidos, para que nada fallara en la identificación de los cuerpos.

secuestradas por los mismos traficantes que levantaron a Jiménez Mota, a quienes amenazaban con la frase: "les va a pasar lo mismo que al reportero"; gracias a la información proporcionada por las mujeres, las autoridades también decidieron catear e incautaron varias de las propiedades de los Enríquez Parra y de Adán Salazar Zamorano —cómplices en un primer momento y después férreos enemigos—, entre las que se cuenta el rancho donde las hermanas estuvieron cautivas y donde, presumiblemente, Alfredo permaneció cautivo.

De las investigaciones del secuestro de las hermanas Palma y el asesinato del joven periodista se desprende un manuscrito que hoy resulta fundamental y en el que incluso se imputa, en diversos crímenes, al entonces gobernador de Sonora, Eduardo Bours Castelo, y a su familia.[2] El manuscrito, redactado por un presunto testigo de la tortura y muerte de Alfredo Jiménez Mota, asegura que éste fue maltratado e interrogado entre el 2 y el 6 de abril de 2005, día en que finalmente fue ejecutado y sepultado.

Tiempo después, la revista *Contralínea* publicó íntegro el testimonio referido, redactado por el testigo Saúl García Gaxiola, cuyos apellidos coinciden con los de Rodolfo *el Chipilón* García Gaxiola, comandante y delegado de la PGR en Tijuana y Sonora, de quien ya hemos hablado en páginas anteriores y quien fuera investigado por el asesinato de Federico Benítez López, jefe de Seguridad de Tijuana cuando ocurrió el asesinato de Luis Donaldo Colosio. El relato redactado por Saúl describe la crueldad de la que son capa-

---

[2] A pesar de las imputaciones en su contra, fue el mismo Bours Castelo quien envió el manuscrito a la PGR.

ces los narcotraficantes, en este caso en particular los Enríquez Parra, asociados entonces con los Beltrán Leyva.

Desgraciadamente, el original de la remembranza se perdió, como ha sucedido tantas otras veces con documentos fundamentales, en los vericuetos y laberintos de la burocracia y la corrupción; vale aquí decir que quien se encargaba de la investigación, el subprocurador Noé Ramírez Mandujano, hoy está preso por apoyar a diversos narcotraficantes. Por su parte, el entonces procurador, Eduardo Medina Mora, quien nada relevante hizo respecto al caso del periodista desaparecido (ya son 11 los reporteros mexicanos en la misma situación de limbo criminal en la que se encuentra Jiménez Mota), hoy es embajador en Londres. La pérdida de este documento es sólo una muestra de lo que ha sucedido con el caso del joven reportero, al que hoy ninguna autoridad quiere hacer frente. Arturo Chávez Chávez —quien ha sido impugnado por el Congreso y que al parecer se encuentra muy atareado resolviendo qué hacer con la caótica PGR que heredó— ni siquiera ha querido voltear a ver un caso que al parecer le resulta "minúsculo", atendiendo el contexto de criminalidad e inseguridad generalizadas ante las que la fuerza del Estado parece estar sucumbiendo.

Si el Estado no quiere hacerse cargo de los asesinatos derivados de la guerra contra el narcotráfico, la sociedad deberá intentar hacerlo, desde las trincheras de cada uno de los individuos que la conforman. Comencé este libro con el recuerdo de la puntería periodística de Alfredo Jiménez Mota, pasemos ahora, y a pesar de su macabra descripción, a reproducir el testimonio de Saúl García Gaxiola, tal y como lo publicó la revista *Contralínea*, en agosto de 2008:

Hay ocasiones [en] que, cuando menos lo piensas, el destino te pone en lugares y horas inapropiados que luego te van a pesar. Tal es el caso cuando nos encontrábamos en el rancho del *Sr. 2000*, en San Pedro, y se nos dio la orden de alistar cinco vehículos y armas porque saldríamos a la ciudad de Hermosillo. Se me acercó a mí y me dijo que yo me subiera a una patrulla de la Judicial del Estado, ahora PEI [Policía Estatal Investigadora] y que me acompañara un elemento nombrado Ignacio García.

Recuerdo que eran cerca de las 8 de la noche cuando salimos del rancho antes mencionado. Y así salimos para Hermosillo. En el camino me dijo Nacho que iríamos al centro comercial "Soriana Luis Encinas", que íbamos por una persona pero que no tendríamos problema alguno porque todo estaba arreglado.

Cuando llegamos a ese lugar, detrás de la patrulla venía el convoy de los cinco vehículos particulares, y enseguida de la patrulla venía una Suburban de color oro con varias personas de negro y con pasamontañas. Luego se oyó por el radio, en clave: "La 37 que está parada casi en la entrada del cine contiguo al centro comercial".

Nos dirigimos a él y lo acorraló el vehículo dorado, descendiendo estas personas que lo tomaron por sorpresa, subiéndolo a la unidad de la policía, donde él, asustado, me preguntaba de qué se trataba, y mi compañero le dijo que se callara porque se lo iba a cargar la verga, al mismo tiempo que le ponía las esposas. Después nos dirigimos de nueva cuenta por el bulevar Luis Encinas subiendo por la izquierda al bulevar Rodríguez para dirigirnos a la salida a Nogales, para volver al rancho del *Sr. 2000*, donde él nos esperaba.

Con la sirena prendida y las torretas de la unidad, se nos hizo más rápido llegar.

Llegando lo bajamos arrastrándolo y lo colocamos en una de las esquinas de un cuarto de aproximadamente 4 x 3 metros. En unos minutos llegó hasta el lugar *el 2000* junto con su brazo derecho, *el Montoyita*. Y nos dijo que le pusiéramos cinta gris en las manos y pies, y que le metiéramos un pedazo de tela en la boca, y también [que] le pusiera cinta gris en toda la cabeza.

Luego *el 2000* hizo una llamada a su compadre diciéndole que ya tenía a la 37 en su poder, preguntando qué proseguía. Después se quedó callado y solamente dijo: "Así se hará compadre".

Después nos dijo al *Montoyita* y a mí que nos fuéramos a la pista "La Fortuna" y que fuéramos a hablar con Iván Domínguez, que es el propietario, y que le comunicáramos a esta persona que iba a llegar un aparato [avioneta] y que por lo tanto no debía haber ninguna persona que pudiera ver ese aparato. Luego nos regresamos al rancho y le dijimos al señor que su orden ya estaba 5.3. Siendo como 20 para las 10 de la noche subimos al periodista amarrado de pies y manos a la Suburban color oro en la parte trasera.

Recuerdo que iba manejando *el Montoyita*, y de copiloto iba el *guacho* Iván; en el asiento de atrás, dos personas más, a las que yo no conocía. En la unidad de la PJE [Policía Judicial del Estado], misma que iba guiando a la Suburban hacia la pista "La Fortuna", iba Nacho García, y uno que le apodaban *el Chapito*, Carlos Ramírez. Yo iba en la parte de atrás de la Suburban, cuidando al periodista.

Cuando llegamos a la pista, enseguida llegaron dos avionetas: una de color blanco con café y la otra blanca con azul, de las cuales descendieron los dos pilotos.

De la nave azul descendió el piloto apodado *el Jairo* en la que

206

subimos al periodista, acompañado de mí y del *Montoyita*; y en la otra subieron al *guacho* León y dos más que venían en la Suburban, despegando rumbo a [Ciudad] Obregón, llegando aproximadamente a las 11:30 o 12 de la noche, recibiéndonos *el Cheyas, o el 24*, acompañado de un comando de 20 personas y varias patrullas de la municipal y como tres del estado. Subimos al periodista a una Sonora blanca trasladándolo en compañía de nosotros a la Villa Itson, a la casa del *Cheyas*. Las calles no me es posible recordar ya que no estoy familiarizado con ellas. En este domicilio 10 estuvieron interrogándolo. *El Chapito* Montoya le preguntaba el nombre de la persona que le daba información de Raúl Parra Enríquez (o Enríquez Parra alias *el Nueve*), y él solamente contestaba que le llegaba información anónima.

El Chapito se enojaba y le preguntaba cuánto le había pagado Alfredo Salazar o Marcos Paredes y él sólo contestaba que nada, que él no conocía a esas personas, y enojado *el Chapito* lo golpeaba con un barrote de 4 × 4 pulgadas en los tobillos y en la espalda, repitiéndole las preguntas al tiempo que lo golpeaba.

En ese instante le sonó el celular al *Chapito* y repetía en varias ocasiones que no contestaba a las preguntas que le estaban haciendo al periodista, y lo seguía golpeando ahora con una pistola cromada súper. Luego de tanto golpe que se le propinó, empezó a sangrar en la cabeza. Siguiendo con el interrogatorio, se le preguntó en varias ocasiones que le diera la información de unos videos donde incriminan a unos jefes policiacos que él había preparado, y que también había publicado que iba a sacar a la luz pública.

El Chapito le decía que este levantón era político, que todo esto estaba arreglado desde el procurador "Abel Murrieta", mismo que ya estaba enterado. El periodista no dejaba de quejarse de los golpes; el *guacho* León se subía al cuerpo del periodista y brincaba encima de él:

Le sonó de nueva cuenta el celular al *Chapito*. Contestó y se le ordenó que le dejaran en paz hasta otro día, ya que iba a llegar el señor Raúl Parra Enríquez, alias *el Nueve*.

Toda esa noche se quedó en la casa del *Cheyas*. Al otro día, como a las 10 de la mañana, *el Montoyita* lo siguió torturando, le pegaba con las cachas en las muñecas de las manos. Recuerdo que como a las dos horas llegaron unos tres municipales de ese municipio, que nos trajeron comida a todos nosotros.

Como a las 2 de la tarde llegó el señor Raúl Parra Enríquez con varios agentes de la PJE. Recuerdo a dos de ellos que se apellidan Sánchez Lara, y el otro Valle Semental [*sic*], y se metieron al cuarto donde estaba el periodista.

Me pidieron que lo levantara del suelo y lo sentamos en una silla; luego el señor Parra se sentó en la cama, y le preguntó *el Nueve* que quién le daba información de *Los Números*. El periodista le contestaba que el informante no lo conocía, y que un funcionario del gobierno, que era del Isssteson[3] y que le entregaba las cartas. En ese momento Raúl Parra le pegó con una pistola en la cara y le dijo que se dejara de pendejadas, que él sabía que eran los Salazar y que lo iban a madrear hasta que dijera la verdad.

Después le ordenó al *Montoyita* que lo golpeara y lo empezó a torturar con una pistola: se la ponía en el cuello ahorcando al periodista, retorciéndose muy feo.

[3] Instituto de Seguridad y Servicios Sociales de los Trabajadores del Estado de Sonora.

Otra persona que yo no conocía le pegaba en el estómago patadas, al mismo tiempo que le gritaba si iba a decir quién le daba la información, y le contestaba lo mismo.

Recuerdo que el periodista sangraba mucho por tanto golpe que estaba recibiendo. Gritaba que lo mataran y que por su madrecita santa que él solamente hacía su trabajo como periodista. En eso *el Montoyita* le pegó muy fuerte en la cabeza cayendo inconsciente. Le siguieron pegando patadas, hasta los PJE.

A los 10 minutos reaccionó. Dio el nombre de una persona llamada José Acosta Muñoz, que le entregaba información y le iba a dar unos videos de jefes de la PJE donde se iban con *Los Números*, [y] que el día 10 de abril se los iba a dar al periodista.

Pedía hablar con el jefe de *Los Números* y le contesta Raúl Parra Enríquez que para qué quería hablar con el jefe. El periodista le contesta que para decirle que era su trabajo, que nunca agarró dinero de nadie para hacerle daño. *El Nueve* le contestó que se dejara de mentiras porque un funcionario de Sinaloa le dijo que había salido huyendo porque no había respetado un trato, que le dieron dinero, que ese cuento no se lo creía.

Luego le gritó con coraje: "Te voy a matar porque yo soy *el Nueve*, con el que estás hablando". Y ordenó que le quitaran la cinta: "Para que por última vez me veas, hijo de tu puta madre". El periodista le dijo que no se metiera con su madre, que el problema era él, no su mamá, en eso le pegó patadas en la cara el Sánchez Lara. Se le mira con la cara muy destrozada, un ojo muy mal por los golpes y *el Nueve* le dice: "Mira, cabrón, aquí en Sonora por tu muerte no me hacen nada, porque desde Bours hasta el procurador tienen un com-

209

promiso conmigo que no te imaginas, y nunca te van a encontrar. Y me dejo de llamar Raúl Parra Enríquez".

Nos ordenó que lo volviéramos a *enteipar* [con cinta tape o canela] la cara. Recuerdo que nos pedía agua. El periodista, recuerdo, se orinó en los pantalones.

Se retiró *el Nueve* y le dijo al *Montoyita* que lo matara, que *Cheyas* ya sabía dónde, que iba a Hermosillo a decirle a Abel Murrieta que no fuera hacerla de pedo y que les quitó un peso de encima.

Como a las 8 de la noche del día 6 de abril trasladamos al periodista a otra casa del *Caribú* o Armando Coronado Zazueta, a la colonia Villa Itson. Nos trasladamos en una Sonora blanca, dos patrullas de la PJE y tres de la Municipal a esa casa.

Cuando llegamos, se encontraban otras personas desconocidas para mí. Había una en la pared de la sala, otra en la pared que daba al patio, y en la pared que dividía la sala había un hoyo en el medio. A los 15 minutos que llegamos metimos al periodista hacia la recámara que está cerca de la sala, pues era de tres recámaras que tiene la casa. Una de ellas está a un lado de la segunda media sala, que se encuentra entrando a mano derecha de la casa. Luego *el Montoyita* le pegó un balazo en la nuca al periodista. Lo sacamos yo, Sánchez Lara y el *guacho* León, arrastrándolo hasta la otra sala. Luego lo echamos al hoyo y le echamos cal, le quitamos toda la ropa, quedó completamente desnudo.

Nos retiramos, se quedaron en el lugar los PJE.

Esto que yo estoy escribiendo es la única verdad.

La voz de los expertos

Investigadores que han dedicado toda su vida profesional al análisis de la seguridad pública, la seguridad nacional, el tráfico de drogas y la delincuencia organizada, tienen su propia visión de lo que podrían ser algunas soluciones al fenómeno de violencia extrema e inseguridad que parece haber rebasado las capacidad del Estado en nuestro país. Sus conclusiones son, por supuesto, diametralmente opuestas a las que el gobierno ha ensayado sin éxito. Resumo aquí algunas de las principales recabadas en múltiples conversaciones con esos expertos y en documentos que ellos mismos elaboraron:

Para diseñar una auténtica política de Estado en materia de seguridad pública deberían sentarse a la mesa todos los partidos políticos, los gobernadores, diputados y senadores, el gabinete en pleno y representantes sociales y no dejar toda la responsabilidad al Ejecutivo federal. "Porque es muy fácil y resulta 'más rentable políticamente' criticar al centralismo, reprobar la estrategia contra el crimen organizado, despotricar contra la falta de auténtico federalismo y al mismo tiempo delegar toda la responsabilidad en el gobierno federal", me dice el doctor Luis Astorga. No se anda con rodeos:

> El problema es que no existe una política de seguridad de Estado, no se han definido reglas claras para la intervención del Ejército. Los partidos políticos que no son del presidente de la República —e inclusive el partido del presidente— no están jugando a una política de Estado, sino a sus intereses políticos inmediatos, a sus mezquinas aspiraciones de corto plazo. La seguridad no está en su agenda ni en sus prioridades.
>
> Existe una estrategia del gobierno federal —buena o mala, es otro tema— que fue apoyada desde un principio por la Conago [Conferencia Nacional de Gobernadores] y hasta donde yo sé no la ha rechazado, pero tampoco ha ofrecido una contrapropuesta, como tampoco lo han hecho los partidos políticos representados en el Congreso.

Todo el mundo está nadando "de a muertito", todos se hacen los locos y le echan la pelota al gobierno federal, que tiene gran parte de la responsabilidad evidentemente, pero hay acuerdos que tienen que establecerse con los gobernadores para que el Ejército pueda llegar a los estados. Y hasta hoy ningún gobernador ha dicho que se le impuso la presencia de las fuerzas armadas. A los gobernadores les conviene echarle toda la culpa al gobierno federal y al mismo tiempo exigir más presupuesto para seguridad a nivel local: "Pero ni siquiera es una cuestión de presupuesto, de pesos y centavos, sino de definir qué se quiere como política de seguridad de Estado y no estarle jugando a una estrategia partidista que de esa manera no es de seguridad sino de absoluta inseguridad". Astorga es catedrático y experto del Instituto de Investigaciones Sociales de la UNAM, coordinador de la Cátedra UNESCO para temas de seguridad y tráfico de drogas. Habla así del momento en que, en su percepción, comienza la metamorfosis del sicariato en una suerte de paramilitarismo, con lógica mafiosa, en las organizaciones traficantes en México:

> Creo que el salto se dio desde que Osiel Cárdenas cooptó para el cártel del Golfo a los ex gafes [militares de élite del Grupo Aeromóvil de Fuerzas Especiales] y se convirtieron en *Los Zetas*. Osiel introdujo también la lógica mafiosa, con la lucha por la hegemonía territorial. Si las fuerzas de dos organizaciones están más o menos equilibradas, entonces el adversario va a utilizar las mismas o mejores tácticas para lograr el predominio y eso lleva a una escalada, a una espiral en donde se va conformando una lógica con cada vez más características mafiosas paramilitares.

Hay cuestiones más preocupantes aún, como sería la mezcla de esta descomposición criminal con lo que ocurre en los sectores políticos y empresariales:

A partir del caso del alcalde de San Pedro Garza, Mauricio Fernández, quien desde que era candidato admitió públicamente haber consensuado su plan de seguridad con los Beltrán Leyva y echó a andar sus grupos represivos de "trabajo rudo", Astorga vislumbra el inicio de algo que se estaría gestando como una visión compartida de sectores del tráfico de drogas, de sectores de la política y del empresariado acerca de que "un esquema mafioso paramilitar sería la opción" para el país: "Aquí creo que se está jugando con fuego, porque buscar que desde el gobierno se llegue a cierto tipo de acuerdos con ciertos grupos de traficantes esperando que así disminuya la violencia, porque respetarían ese 'pacto de caballeros', es absurdo. Y más si se está en desventaja en el momento de esa hipotética negociación".

Astorga, autor de libros como *El siglo de las drogas* y *Seguridad, traficantes y militares. El poder y la sombra*, entre otros, asegura que actualmente hay más flexibilidad en las coaliciones de las organizaciones traficantes que en la década pasada, pues el santo patrono de los narcos no es Malverde o la Santa Muerte, sino "San AK-47", "San Dinero", "San AR-15", el negocio finalmente. Esto comenta, a propósito de la versión de la DEA publicada en el diario *Excélsior*, en febrero de 2010, de que el cártel del Golfo rompió con su creación, *Los Zetas*, y se alió con el cártel de Sinaloa, su viejo enemigo:

- Si comienza a incrementarse la violencia en Tamaulipas, habrá visos de que la versión es real. Si no, es que no había bases para esa hipótesis. Nunca hay que desligar la configuración de los grupos traficantes de aquellas coaliciones y otros fenómenos que se dan en la política. Las reorganizaciones en los campos de la política, de la droga, de las empresas y las finanzas corren paralelas.

- Que el gobierno salga ahora con que habrá "una estrategia integral" contra las drogas [como no la hay en ninguna parte del mundo y como no la ha habido en un siglo en México] solamente es útil para la retórica política. Todo es tan mediático como el anuncio de que se cambian de sede los poderes de Chihuahua a Ciudad Juárez.

- Lo cierto es que no existe la mínima coordinación, ni siquiera en los más altos niveles del gobierno federal. Hay celos, mutuas acusaciones, obstáculos entre dependencias, protagonismo y fuego amigo. Todo ello se agrava con el hecho comprobado en otros sitios del mundo de que ninguna estrategia esencialmente punitiva contra la delincuencia organizada va a funcionar.

Otro experto, que inclusive fue subprocurador de la República y ahora con su actividad académica es invitado a foros de discusión a lo largo y ancho de la República y también en universidades y congresos en el extranjero, es Samuel González Ruiz.

Puesto que la imagen de México en el exterior se ha deteriorado a causa de la inseguridad ciudadana, el tráfico de drogas, la delincuencia organizada y la violencia asociada, Samuel González descubrió que el propio gobierno reconoce tan brutal realidad y llegó al grado de convocar a expertos y firmas internacionales para que le ayuden a "rehabilitar" y "mejorar" esa percepción.

Al percatarse de semejante despropósito, al ex subprocurador de la República y uno de los autores de la ley contra la delincuencia organizada le brotaron estas reflexiones que me compartió:

El gobierno se equivoca. La espiral de violencia se sigue acelerando; no va disminuyendo. Que no gasten dinero del pueblo en imposibles. No mejorarán la percepción si la realidad no mejora. Así que mejor realicen lo siguiente:

1. Reducir la violencia a través de estrategias integrales de lucha contra la delincuencia según la Convención de Palermo.

   a) Desmembramiento de la empresa criminal y aumento de eficiencia contra el lavado de dinero, utilizando la extinción de dominio.

   b) Limpieza a todas las policías y ministerios públicos. Todos siguen infiltrados.

   c) Programas de prevención social del delito, que incluyan desarrollo social para evitar que los adolescentes se incorporen a las bandas criminales.

   d) Combate sin distinciones a grupos de delincuencia organizada.

   e) Apoyo a organizaciones sociales si se quiere transformar al país.

   f) Abandonar la lógica de la guerra y asumir la lógica del estado de derecho.

2. Romper el pacto de impunidad que rige a partir de 2003, aceptado por políticos de varios partidos. Atacar sin miramientos la infiltración [del narco] en todos los partidos.

3. Desechar la idea de asesores del gobierno que dicen que los narcos son empresarios y que tienen una lógica empresarial, cuando en realidad actúan con lógica criminal, como se ve todos los días en Ciudad Juárez.

4. Pasar de la democracia "cuenta votos" —pues el IFE y el Trife no ven quién financia la compra de sufragios— a una democracia sustancial que investigue el financiamiento y las causas que hacen de la nuestra una democracia enferma.

5. Se requieren fondos para programas sociales. México no puede seguir recaudando sólo 11 por ciento del PIB en impuestos, el último en la tabla de la OCDE.

6. Interpretar y aplicar la Constitución de manera que estados y municipios puedan recaudar contribuciones de la manera proporcional y equitativa que se requiere para que desarrollen sus atribuciones constitucionales.

Lo demás es epidérmico, mediático, un autoengaño que de nada servirá para frenar la violencia que castiga a la sociedad y amenaza a las instituciones.

La violencia incontrolada y cada vez más delirante en Ciudad Juárez es botón de muestra de que no es suficiente militarizar una ciudad o un estado para combatir con eficacia al crimen organizado. Más allá de esta errónea estrategia que finalmente el gobierno promete que va a modificar (a mitad del sexenio), entre los militares cunde el descontento y la inconformidad porque los gobernantes civiles los tienen de "mil usos", los traen de arriba para abajo por toda la geografía nacional. Por ello hay cada vez más problemas de deserción, corrupción y baja de la moral en el Ejército.

Me responde así, de botepronto, el maestro José Luis Piñeyro, de la Universidad Autónoma Metropolitana (UAM), uno de los más antiguos y puntuales analistas del accionar de las fuerzas armadas, cuando lo consulto vía telefónica.

Autor de libros sobre seguridad pública y seguridad nacional, recuerda que las fuerzas armadas han hecho una contribución múltiple a la gobernabilidad y para preservar la seguridad.

> La participación militar en ambas seguridades [pública y nacional] se ha ampliado a lo largo de los últimos 15 años, debido a la sucesión de crisis económicas y políticas y sus impactos sociales negativos; a la menor capacidad de mediación de las instituciones del Estado; al fortalecimiento de actores no estatales [el crimen organizado y en particular el narcotráfico, grupos guerrilleros y movimientos sociales antisistémicos] y a recomposiciones en la cúspide de la clase gobernante y de la clase empresarial.

Todo empeoró con la "vulnerable y volátil legitimidad" del proceso de transición de 2006. Hubo movimientos telúricos de diversa intensidad en los estratos del poder "que cimbraron y cambiaron el pacto social en el que se basaba el Estado" y una erosión paulatina de la seguridad nacional, entendida ésta como la satisfacción de las necesidades sociales básicas para garantizar la reproducción material y moral de la nación a través de acciones del gobierno y del conjunto del Estado.

Piñeyro adelantó conclusiones de un ensayo que estaba por ser publicado entre un conjunto de análisis denominado *La seguridad de México en el siglo XXI*, de El Colegio de México, coordinado por Arturo Alvarado y Mónica Serrano. Es tajante cuando escribe:

—La estrategia de seguridad pública federal antinarcóticos es de corte represivo y reactivo y muy secundariamente preventivo de los delitos de narcotráfico y la drogadicción. Está centrada en una cadena de acciones que así lo demuestran: investigación, persecución, arresto, consignación, enjuiciamiento y cárcel, aunque estos eslabones se cumplen a medias dados los eslabones de otra cadena: ineficiencia, corrupción e impunidad policiaca, judicial y carcelaria.

—Se tiende a sobreestimar los elementos materiales sobre los morales en la llamada guerra antinarco. Para el caso del aumento de salarios, no se reconoce que ningún Estado del mundo puede competir con el crimen organizado, pues este último puede duplicar o triplicar los pagos fácilmente. La estrategia descansa en el modelo incremental: si los narcos aumentan la calidad de entrenamiento y armas de sus paramilitares y la violencia de sus acciones y pagos para la corrupción, entonces la autoridad habla de más policías y militares, armamento moderno, respuestas contundentes, equipo superior y mejores salarios. Sólo se razona sobre aspectos técnicos bélicos.

Para que haya una política de Estado en materia de seguridad pública "se requieren estadistas y no gobernantes sexenales", concluye Piñeyro.

A la estrategia punitiva anticriminal deberían incorporarse tácticas que hoy están ausentes, como:

1. Seguimiento puntual y golpes sistemáticos al nervio financiero del crimen y a sus lava-dineros, "los delincuentes de cuello blanco que nunca aparecen en la televisión".

2. Investigación y confiscación del nervio patrimonial criminal y el arresto de los prestanombres que utilizan para comprar propiedades y manejar empresas.

3. Impulso a formas de participación ciudadana vía grupos de expertos y organismos de contraloría social para supervisar el funcionamiento de los sistemas policiaco, judicial y penitenciario. Esto se ofreció en 2008, durante el Acuerdo Nacional firmado en la Presidencia al calor de la indignación por el secuestro y asesinato del joven Fernando Martí, pero jamás se aplicó.

4. Campañas permanentes de prevención de delitos. Campañas masivas para estimular la participación social y para dar impulso a las policías de barrio, a policías comunitarios, a juntas de vecinos.

5. Rehabilitar a drogadictos y prevenir adicciones.

Sin estas tácticas seguirá dominando la lógica represiva sobre la prevención, la participación y la rehabilitación en la estrategia de seguridad pública. Por supuesto que todas estas medidas deben acompañarse de políticas económicas y sociales de Estado para generar empleos y para combatir estructuralmente la pobreza de los mexicanos.

Es urgente, con el acompañamiento social y económico, reconstruir el tejido social dañado. La participación de consejos ciudadanos para supervisar las acciones del gobierno está en el papel, pero es solamente un adorno propagandístico; simplemente jamás se ha puesto en práctica.

El académico y experto asesor italiano Luigi Ferrajoli[1] visitó México para ofrecer conferencias magistrales y para recibir el doctorado *honoris causa* del Inacipe. No le dio muchas vueltas al asunto cuando sostuvo que lo que ocurre en Chihuahua y en todo México (estaba muy reciente la masacre de 15 jóvenes en una fiesta en Villas de Salvárcar, en Ciudad Juárez) es la prueba del fracaso de la política militar contra el crimen: "La lógica de guerra alimenta la guerra. Paradójicamente produce un sustancial fortalecimiento de la fuerza criminal. Igual como ocurre en Italia, la fortaleza de las organizaciones criminales nace de la debilidad del Estado".

Tienen razón quienes afirman que los traficantes ofrecen a los jóvenes, a los pobres, a los desempleados oportunidades que el gobierno les niega. Se da el caso de que, allí donde el Estado no garantiza la seguridad, no aplica correctamente los programas sociales, no da expectativas a los jóvenes, de pronto las organizaciones criminales inclusive intentan satisfacerlas, reflexiona Ferrajoli y agrega:

"Creo que la utilización del Ejército en seguridad pública es incorrecta. En México, como en Italia, no ofrece resultados; equivale a una demagogia desfasada. El Ejército no está preparado para realizar labores policiacas y de investigación. Una fuerza militar es una fuerza preparada para la guerra", expresó Ferrajoli a mi pregunta después de que había ofrecido una conferencia magistral llamada "Democracia y consensos: fuentes de legitimación".

Sin capacidad investigativa y sólo con fuerza militar, siempre se termina por alimentar la violencia, dijo el autor de numerosos

[1] Quizás Ferrajoli sea el teórico del derecho más sólido y más influyente del mundo, según la opinión del jurista mexicano Miguel Carbonell.

tratados de derecho. En todo caso, afirma Ferrajoli, urge impedir la producción, distribución y uso de armas, que son las que alimentan la violencia de la delincuencia menor y la organizada, para lo cual hay que buscar acuerdos con el gran fabricante y distribuidor: Estados Unidos.

> Creo que las armas deberían ser los primeros bienes ilícitos que habría que decomisar a la delincuencia. Las armas sólo tienen la función de matar, y la presencia masiva de armas en un territorio representa la negación del monopolio de la fuerza por parte del Estado. Los criminales siempre serán criminales, pero la ausencia de armas disponibles los obligará a reducir sus operaciones. De otro modo, vamos hacia la creación de un monopolio criminal de la violencia. Asimismo, habría que pugnar por legalizar las drogas y restarle fuerza al negocio criminal; promover programas sociales y de prevención en lugar de enviar militares a una guerra sin resultados evidentes.

El maestro italiano insistió en que hacen falta políticas sociales y creación de empleos, porque la criminalidad no se combate con la fuerza de las armas sino con el ofrecimiento de oportunidades. Cuando los individuos son marginados o excluidos de los beneficios y de la propia sociedad, son presa fácil de las organizaciones delincuenciales, de ese "absurdo monopolio" de las fuerzas criminales. Dicho de otra manera, la criminalidad no se combate con medidas jurídicas sino con políticas sociales, con respuestas de derecho y no de emergencia.

En su conferencia magistral Ferrajoli también apuntó que el populismo político siempre es una amenaza para la democracia representativa, pero que "es mucho más grave e intolerable el populismo judicial". En tiempos recientes se multiplican los casos de "demagogia judicial y populismo penal" cuando magistrados salen en televisión para sostener sus acusaciones o para lamentar el fallido apoyo o los obstáculos interpuestos a su trabajo; se atreven a conceder entrevistas periodísticas sobre la conducción de sus investigaciones.

Dos Macondos:
Aracataca y Mocorito

El realismo mágico se instaló en Mocorito, Sinaloa, después de que un grupo de intelectuales imaginó lo maravilloso que sería hermanar culturalmente a este pueblo serrano del que fue alcalde el poeta Enrique González Martínez hace más de un siglo, con el pueblo colombiano en el que nació Gabriel García Márquez y en el que se inspiró para sus *Cien años de soledad*.

Por momentos a contracorriente, el proyecto avanza desde hace un par de años. El rector de la Universidad Autónoma de Sinaloa, Héctor Melesio Cuén Ojeda, se entusiasmó con la posibilidad de entregar el *honoris causa* al admirado y universalmente conocido autor de *El coronel no tiene quien le escriba*.

El gobernador Jesús Aguilar Padilla vio con beneplácito la posibilidad de la presencia de García Márquez en el acto para hermanar culturalmente a estas dos viejas ciudades de Magdalena en Colombia, y de Sinaloa en México.

El presidente municipal de Mocorito, Herwen Hernán Cuevas Rivas, con ese su nombre de reminiscencias macondianas, dio también el visto bueno inclusive para el proyecto de decreto de declaración de hermandad cultural entre los dos municipios. Y otorgó su anuencia, desde ya, el doctor Fossy Marcos María, alcalde de Aracataca.

A Mocorito se le nombra, desde el siglo XX, "La Atenas de Sinaloa". La obra de Enrique González Martínez está impregnada "del contagio sublime del tejido de sus aires y su gente", expresa el borrador del decreto para después mencionar también a Sixto Osuna y José Sabás de la Mora.

El gobernador del departamento de Magdalena, el ministro de Educación de Colombia, así como el alcalde aracataqueño y don Bernardo López Silva, presidente de la Fundación Pro-Aracataca, avalan y están dispuestos a impulsar la hermandad que, como reza la exposición de motivos, busca "abrir caminos que divulguen nuestros paisajes, costumbres y tradiciones, nuestra poesía, música y acervo cultural".

"Es que todos los pueblos de acá se parecen a Macondo. Imagine usted a don Gabriel en Recoveco o en cualquier otro sitio cercano a Mocorito, con niños agitando banderitas y mariposas amarillas", se entusiasmaba el principal impulsor de este hermanamiento cuando habló con Mercedes, la esposa de García Márquez, convencido de que no todo es violencia y narco en Sinaloa; que hay un patrimonio cultural que se debe promover, divulgar, intercambiar en este mundo global.

La propuesta tuvo el apoyo escrito de 63 intelectuales y posgraduados de la Universidad Autónoma de Sinaloa. Pero se toparon con un enérgico veto: el de don Antonio Sosa, el cacique de la región que abarca Angostura, Salvador Alvarado y Mocorito, todo Guamúchil: "Aquí no queremos periodistas, corresponsales extranjeros ni gente de Colombia o de otros países que vengan a Mocorito, así estamos bien", más o menos con estas palabras expresó su desacuerdo sobre el escritorio del presidente municipal.

De pronto comenzaron a desaparecer los entusiastas apoyos de antes. La cultura y la fraternidad de los pueblos estaban siendo sepultadas por los más terrenos y mezquinos intereses de los poderes de facto. ¿A quién interesa un Nobel de Literatura en tierras donde no hay más autoridad que el narco?

Don Antonio Sosa tiene fama de poseer unos 600 caballos pura sangre que viajan por todo el mundo para carreras, exposiciones y ferias. Dicen quienes han tenido el privilegio de entrar en su residencia que cuenta con pantallas y monitores para seguir lo que ocurre en los más importantes hipódromos del mundo. Si apuesta o no, eso no se sabe o no se dice.

Es legendaria la yegua *la Mora*, que alguien pudiente le habría regalado a Luis Donaldo Colosio. Tras los disparos que segaron la vida del candidato presidencial en Tijuana, la yegua viajó a Veracruz para quedar al cuidado del entonces gobernador Patricio Chirinos. Como no había quién la supiera cuidar, regresó a Sinaloa, bajo el resguardo de don Toño Sosa.

Cuenta el corrido de "El Moro y La Mora" que cantan *Chebo* Martínez, *el Cosalteco*, Miguel y Miguel y varios grupos más: "Fueron varias las fortunas / las que cambiaron de mano. / Nun-

227

ca en Alhuey se había visto / tanto dinero rodando, / billetes de color verde / y dinero mexicano".

Al iniciar *Cien años de soledad*, García Márquez escribió algo que podría aplicarse a Mocorito, vieja comunidad indígena en donde se instaló una misión de jesuitas en 1594:

… era entonces una aldea de veinte casas de barro y cañabrava construidas a la orilla de un río de aguas diáfanas que se precipitaban por un lecho de piedras pulidas, blancas y enormes como huevos prehistóricos. El mundo era tan reciente, que muchas cosas carecían de nombre, y para mencionarlas había que señalarlas con el dedo.

El peor de los mundos posibles

La crispación, el miedo y el pasmo se han instalado en la vida cotidiana de nuestro país, atenazando a una ciudadanía a la que se quiere obligar a perder la brújula, evitando que camine hacia un futuro en paz, sana convivencia y libertad, sin las ataduras que impone la violencia extrema que recorre la patria.

Sin excepción alguna, se cargan diariamente las tintas de esta espiral de vesania en las pantallas televisivas, en los micrófonos radiofónicos y en el papel de los periódicos y revistas. En la guerra contra el narcotráfico que hoy recorre nuestras calles hay mucho de mediático. Quizá por eso, desde los más altos niveles del gobierno, se admite que uno de los propósitos de esta lucha es cambiar la percepción de la ciudadanía: se desea hacer ver a los mexicanos que finalmente hay alguien que hace algo por garantizar la seguridad pública. Otro de los propósitos declarados por el gobierno es la "recuperación de los territorios" en donde se habrían atrincherado las organizaciones criminales.

Sin embargo, la percepción de los mexicanos, en lugar de mejorar, sólo ha empeorado. El gobierno está perdiendo su "guerra". Y en vez de recuperar la geografía dominada por el narco, se multiplican las porciones de tierra donde se extorsiona, se cobra protección, se secuestra, asesina y trafica, con o sin la anuencia de las autoridades municipales, estatales y federales. La proverbial protección que brindan policías a las bandas es una prueba de la capacidad corruptora de los traficantes y secuestradores.

Los medios nacionales explotan el morbo, exaltan los crímenes más escandalosos (cabezas cercenadas, cuerpos disueltos en ácido, matanzas colectivas con torturas previas y tiros de gracia, cadáveres descuartizados, narcomantas que consiguen publicidad gratuita). Se ha instrumentalizado una violencia que, siendo real, sólo beneficia, mediante la sobreexposición de los horrores, al gobierno, la prensa, la radio y la televisión.

Como trasfondo, hay una verdad que no se quiere exhibir: aun cuando el número de ejecuciones ha llegado a cifras récord y supera con creces el número de invasores muertos en la guerra de Irak, la elevadísima y macabra contabilidad en años recientes no representó ni la tercera parte de un solo punto porcentual entre todos los delitos que se cometen y denuncian en la República Mexicana. Dicho con crudeza: el gobierno federal destina un altísimo porcentaje del presupuesto de las fuerzas armadas y las policías federales para combatir 0.3 por ciento de todos los delitos que se cometen en el país. Y es que, en efecto, en el millón y medio de ilícitos del orden común y federal que se suceden en territorio nacional (la cifra de denuncia no ha variàdo en los últimos tres lustros), la cifra récord de casi ocho mil crímenes derivados de la guerra contra el narcotráfico en 2009 sólo representó 0.5 por ciento. Ese medio punto porcentual, sin embargo, es el que tiene al país entero suspendido en el terror y el desánimo. Seamos claros, es una minúscula proporción de la delincuencia la que hoy le sirve de pretexto al gobierno federal para movilizar tropas y policías e invadir calles, campos y carreteras, instalar retenes, violentar la cotidianidad, violar derechos humanos y cumplir con la cuota de detenidos que se necesita para engrosar las cifras de logros y adelgazar la de las fallas de la mal llamada "guerra" contra las bandas criminales.

Durante años hemos mencionado esta paradoja reflejada por las cifras, apoyados en el *Atlas delictivo* que elaboró el especialista Arturo Arango. En medio de este ambiente contaminado e irrespirable, lo peor es que el gobierno emplea cada vez menos investigación y cada vez más coerción en la fabricación de culpables; en lugar de capturar a los verdaderos traficantes y a los criminales organizados, se captura a inocentes.

Sostengo que en México hay más de cuatro jinetes del Apocalipsis, todos los cuales pervierten la procuración e impartición de justicia en nuestro país. Aunque se aceptan como un "mal menor", no debemos perder de vista que estos usos y costumbres pueden conducirnos a un abismo de abusos y descomposición social insalvable. Porque, en situación de ausencia absoluta de leyes, pueden ser utilizados políticamente:

1. La PGR hoy adopta "testigos protegidos" sin ton ni son. Tiene para dar y regalar, todos los perfiles que se requieran

son aceptados, lo mismo nacionales que impuestos desde Estados Unidos. Sus delaciones irresponsables, para colmo, se aceptan como verdades absolutas.

2. Se "arraiga" en vez de consignar, ganándose el tiempo necesario para acumular cargos contra el retenido, que muchas veces era un inocente. Por esto mismo, hoy no se investiga de manera previa a la captura.

3. Ha regresado la tortura, que hoy es consuetudinaria. La confesión sacada bajo tormentos tiene a miles de personas en las cárceles del país.

4. Los agentes del ministerio público y los jueces del país actúan por consigna y asumen, como si de una verdad revelada se tratara, lo que dicen los policías y los soldados.

5. Disfrazados de soldados o policías, con pasamontañas que impiden conocer su identidad, proliferan los asesinos en toda la República. Matan a quienes consideran desechables, se deshacen de sus enemigos, cobran por hacer el trabajo sucio y sirven a cualquier persona, siempre y cuando pueda pagarles. Hoy es a partir del terror que se dominan los territorios.

6. En la actual política de exterminio participan tanto militares como policías en activo, como se comprueba día tras día, por ejemplo, en Ciudad Juárez y en el resto de Chihuahua.

7. Somos un país que ha perdido cuatro décadas, en lo que respecta no solamente a su economía y al desempleo estructural, sino a su demografía. Hay miles de mexicanos desaparecidos por la delincuencia organizada, por bandas

de secuestradores y por las distintas corporaciones de la fuerza pública, que han reinventado y vuelto a aplicar los viejos métodos represivos de la llamada "guerra sucia", pero ya no sólo contra supuestos guerrilleros o disidentes, sino contra ciudadanos comunes.

A destiempo se daban golpes de pecho ex presidentes latinoamericanos (Fernando Henrique Cardoso de Brasil, Ernesto Zedillo de México, César Gaviria de Colombia) y admitieron que el modelo actual de represión en la lucha contra las drogas está lleno de "prejuicios, temores y visiones ideológicas" (interesadamente ideologizadas, diría yo).

Hace un par de años escribieron, sin reparar en que se asestaban un histórico *harakiri*, que era "imperativo rectificar la estrategia de la 'guerra a las drogas' aplicada en los últimos 30 años en la región". No les faltaba razón, pero les sobraba desvergüenza con este llamado a deshora.

Para los mexicanos no hay duda de que vivimos en un Estado policiaco y de que, en diversas zonas del país, se ha instalado un dominio castrense sin límites legales y sin escrutinio social o legal alguno. La represión contra los cárteles del narcotráfico ha sido también un pretexto para criminalizar a los movimientos de protesta y para reprimir las reivindicaciones sociales.

Como una confirmación de la fallida estrategia oficial contra el tráfico de drogas y el crimen organizado, el mismísimo coordinador de Inteligencia para la Prevención del Delito de la Policía Federal, Luis Cárdenas Palomino, hacía en Boca del Río, Veracruz, en noviembre de 2009, un curioso reconocimiento de la incapacidad del gobierno frente al avance criminal en el país:

> Lo verdaderamente grave es que la delincuencia ha ofrecido a los jóvenes la oportunidad de una revancha social. Los seguidores del crimen encuentran un sentido de identidad y dignidad que no hallan en otro lado [...] El crimen organizado ofrece trabajo y oportunidades que ni la sociedad ni el gobierno hemos podido dar. Los grupos traficantes colocan mejores ofertas laborales y aprovechan, además, los espacios de impunidad que la autoridad permite.

En medio de este devastador panorama, México ha conquistado el triste honor de campeón mundial en asesinato de periodistas: 61 muertes violentas de informadores y otros 11 compañeros secuestrados y desaparecidos durante los nueve años de gobiernos de Acción Nacional.

Más grave resulta aún que se quiera hacer creer a la opinión pública desde la cúpula del poder que a los periodistas los agreden y asesinan los narcotraficantes, para de esa manera deslindar a las autoridades de su responsabilidad de preservar la vida y la integridad física de los reporteros, fotógrafos, articulistas, directores de medios, conductores de radio y televisión, pero sobre todo garantizar las libertades de expresión y el derecho inalienable de la sociedad a ser informada con veracidad.

Un análisis puntual de los 244 ataques a la libertad de expresión reportados en 2009 (incluidos 11 asesinatos de periodistas), confirma que hay una falsedad manejada oficialmente acerca de que los perpetradores pertenecen al narco y a la delincuencia organizada.

En efecto, 65.67 por ciento de los ataques provinieron de funcionarios públicos y 7.79 de miembros o simpatizantes de partidos políticos (un 73.46 por ciento del total), mientras que al crimen organizado solamente pudieron acreditarse 6.15 por ciento de las agresiones. Así lo corroboran en un extenso reporte llamado "Entre la violencia y la indiferencia / Informe de Agresiones contra la libertad de expresión en México 2009", la oficina para México y Centroamérica de *Artículo 19* y el Centro Nacional de Comunicación Social (Cencos). Allí concluyen, por cierto, que en Chihuahua la mitad de las agresiones fueron cometidas por efectivos militares.

Los estados en donde más periodistas y medios recibieron agresiones fueron Oaxaca, Veracruz y Chihuahua. Aunque por grados de violencia se ubica en los primeros lugares a Durango, Sinaloa, Guerrero, Michoacán y Quintana Roo. Además de que hay un incremento alarmante del número de ataques con respecto a los años precedentes y de que en un ambiente como éste "se degradan de manera preocupante las condiciones para el ejercicio de la libertad de prensa", la respuesta del Estado frente a esta terrible problemática "es insuficiente y carente de voluntad política".

Hay nulos resultados de una Fiscalía Especial para la Atención de Delitos Cometidos contra Periodistas (Feadp), dentro de la PGR. En el Legislativo no se termina de legislar sobre la federalización de los delitos contra periodistas, y la Comisión de Seguimiento del tema no tiene integrantes y menos un plan de trabajo.

Está pendiente la despenalización de los llamados "delitos contra el honor" que persisten en 17 estados de la República y que representan una espada de Damocles contra analistas e informadores, por la lluvia de demandas civiles que reclaman millonarias "reparaciones del daño". El aparato de justicia se utiliza "como medio de coerción e intimidación" contra periodistas con una frecuencia cada vez más preocupante.

Artículo 19 y el Cencos propusieron la creación de un Comité de Protección a Periodistas como un mecanismo efectivo para proteger a quienes están en peligro inminente o han sido amenazados e intimidados. Para ello esperan hallar colaboración de los propios dueños de los medios de prensa, radio, televisión e internet.

Preocupa la *numeralia* dada a conocer en el informe de 2009:

—Se registraron 47 casos de amenazas, en su mayor parte (70 por ciento) debido a los contenidos publicados.

—Hubo 23 detenciones, además de 47 actos de intimidación y presión que fueron desde despidos injustificados hasta impedimentos a la labor informativa (como negación de acceso a eventos públicos).

—Se contabilizaron 109 agresiones físicas o materiales (acciones mediante las cuales los periodistas reciben algún daño corporal, se daña su equipo de trabajo o se ataca a las instalaciones de los medios), más de la mitad se dieron en contra de reporteros durante el ejercicio de sus tareas profesionales.

Aun cuando se reconocen avances innegables en el país durante los últimos años, pues se cuenta con mayores canales para disentir, para difundir y recibir información plural, el reporte llega a la pesimista conclusión de que la violencia y la impunidad siguen siendo mecanismos para silenciar a los periodistas:

> Los intereses económicos y políticos se imponen sobre la capacidad de desarrollar un periodismo ético y crítico. Los llamados "delitos contra el honor" se utilizan como herramientas para obstaculizar las investigaciones periodísticas. Mientras tanto, la respuesta del Estado mexicano es la indiferencia, la inacción y la simulación.

En Durango ocurrieron tres de los 11 crímenes de periodistas en 2009. Las víctimas fueron Carlos Ortega Melo Samper, Eliseo Barrón Hernández y José Bladimir Antuna García. Le siguió el estado de Guerrero con dos: Jean Paul Ibarra Ramírez y Juan Daniel Martínez Ortiz. Cada una con un periodista ejecutado, en orden cronológico están las siguientes entidades: Veracruz (Luis Daniel Méndez), Michoacán (Martín Javier Miranda), Chihuahua (Norberto Miranda Madrid), Jalisco (José Emilio Galindo), Quintana Roo (José Alberto Velázquez) y Sinaloa (José Luis Romero, cuyo cuerpo apareció hasta mediados de enero de 2010).

De esta manera, el panorama para la labor informativa en el país se torna ominoso: en Sinaloa hay tal grado de incertidumbre que ya se restringieron los espacios de reflexión y análisis frente a constantes intimidaciones y amenazas. En Guerrero sigue primando la impunidad en los casos de agresiones a periodistas. En

Michoacán ocurrieron —además de dos crímenes en 2009— tres de los nueve casos reportados de periodistas desaparecidos en los últimos años, el más reciente de ellos el de María Esther Aguilar Cansimbe el 11 de noviembre en Zamora. En Chihuahua, en nombre de la seguridad nacional se impide el ejercicio periodístico.

Detengámonos en el caso de María Esther Aguilar Cansimbe, reportera de *El Diario de Zamora* y corresponsal del periódico *Cambio* de Michoacán. El 11 de noviembre de 2009 Aguilar Cansimbe se convirtió en la primera mujer periodista desaparecida o "levantada" en México. Lo triste y muy grave es que la nota sobre su desaparición no se publicó en uno solo de los 22 medios escritos y electrónicos de Zamora, un municipio de 100 mil habitantes, pese a que ella tenía 10 años trabajando en el lugar y era bien conocida en su tierra natal, reportó la revista *Zócalo* de la ciudad de México. Lo peor de todo es el temor que hoy recorre el territorio nacional, un terror que genera silencio y evasión en lugar de solidaridad.

El brasileño Marcos Camacho, mejor conocido como *Marcola*, se hizo famoso como analista e ideólogo de la cultura traficante y criminal. El ahora preso devora libros de estudios elementales y saca sus propias conclusiones en frases que llegan a ser tan deslumbrantes como devastadoras. Esto dijo *Marcola*, por ejemplo, cuando el periódico *O Globo* le preguntó si era líder del Primer Comando de la Capital, una organización carcelaria en São Paulo:

Soy más que eso. Yo soy una señal de estos tiempos. Yo era pobre e invisible. Ustedes nunca me miraron durante décadas y antiguamente era fácil resolver el problema de la miseria. El diagnóstico era obvio: migración rural, desnivel de renta, pocas villas miseria, discretas periferias; la solución nunca aparecía. ¿Qué hicieron? Nada. ¿El gobierno federal alguna vez reservó algún presupuesto para nosotros? Nosotros sólo éramos noticia en los derrumbes de las villas en las montañas o en la música romántica sobre "la belleza de esas montañas al amanecer". Ahora estamos ricos con la multinacional de la droga. Y ustedes se están muriendo de miedo. Nosotros somos el inicio tardío de vuestra conciencia social.

Marcola suena severo y cínico, pero también revelador de una mentalidad contraria a las respuestas que desde un escritorio ofrecería un burócrata latinoamericano:

¿Usted cree que quien tiene 40 millones de dólares no manda? Con 40 millones de dólares la prisión es un hotel. ¿Cuál es la policía que va a quemar esa mina de oro, entiende? Nosotros somos una empresa moderna, rica. Si el funcionario vacila, es despedido y "colocado en el microondas".

Ustedes son el Estado quebrado, dominado por incompetentes. Nosotros tenemos métodos ágiles de gestión. Ustedes son lentos, burocráticos. Nosotros luchamos en terreno propio. Ustedes, en tierra extraña. Nosotros no tememos a la muerte. Ustedes mueren de miedo. Nosotros estamos bien armados. Ustedes tienen calibre .38. Nosotros estamos en el ataque. Ustedes en la defensa. Ustedes tienen la manía del humanismo. Nosotros somos crueles, sin piedad. Ustedes nos transformaron en *super stars* del crimen. Nosotros los tenemos de payasos. Nosotros somos ayudados por la población de las villas miseria, por miedo o por amor. Ustedes son odiados. Ustedes son regionales, provincianos. Nuestras armas y productos vienen de afuera, somos "globales". Nosotros no nos olvidamos de ustedes, son nuestros "clientes". Ustedes nos vuelven a olvidar cuando pasa el susto de la violencia que provocamos.

Al analizar una parte de estas declaraciones de *Marcola*[1] —quien ha pasado más de la mitad de su vida en la cárcel—, el historiador y politólogo mexicano Lorenzo Meyer concluyó que lo último que se debe hacer es perder la esperanza. En materia de seguridad y crimen "hay que focalizar la energía colectiva, pero hay que hacerlo sin simplificar". En una demoledora crítica a la "guerra" fallida del gobierno de Felipe Calderón contra el narcotráfico, Meyer resumió: "La dimensión policiaca-militar es sólo una, ¿dónde está el resto?"

---

[1] *Marcola* comenzó su vida criminal a los nueve años, mucho tiempo antes de que escapara, junto con otro centenar de presos, por un túnel de la cárcel en la que estaba recluido (a diferencia del *Chapo*, la policía brasileña sí lo volvió a aprehender).

Anexos

Como una aportación documental que debiera servir para el esclarecimiento de la desaparición forzada del joven periodista Alfredo Jiménez Mota, de *El Imparcial* de Hermosillo, hace ya un lustro, se reproducen aquí dos análisis provenientes de fuentes oficiales en los que el reportero —de 26 años entonces— se apoyó para escribir reportajes en enero de 2005, causa probable de su secuestro unas semanas después.

Aquí se verá que asoman su rostro la narcopolítica, la narcoeconomía, la colusión inicua entre autoridades policiales —las designadas y las que fueron elegidas democráticamente— con la delincuencia organizada. Nombres, sitios y cantidades de trasiego de sustancias ilícitas hacia Estados Unidos por el norte de Sonora, ubican a los hermanos Beltrán Leyva (*Los Tres Caballeros del Narcotráfico* se les denomina en estos papeles) como los operadores de esta ruta, cuando todavía estaban (2003 y 2004) íntimamente ligados con el cártel del Pacífico y Joaquín *el Chapo* Guzmán. Del rom-

241

pimiento que en esa geografía fronteriza se dio entre los Beltrán y sus viejos socios y jefes ya hablamos al principio de este libro.

Se trata, en última instancia, de que por sí mismo el lector pueda juzgar qué es lo que ocurre cuando la autoridad reconoce que los traficantes más conocidos cuentan con una amplia cobertura oficial para su actividad ilícita.

Estos documentos contienen nombres de los socios y encubridores del narcotráfico en Sonora: Ricardo Robinson Bours Castelo, ex alcalde de Cajeme y hermano del ex gobernador Eduardo Bours; Roberto Tapia Chan, director de la Policía Ministerial de Sonora, y Abel Murrieta Gutiérrez, subprocurador de Averiguaciones Previas, quienes provenían de esa administración municipal y pasaron a manejar el negocio de la droga en un nivel estatal.

Tal como apunta uno de los textos oficiales aquí reproducidos: "los hermanos Beltrán Leyva han operado bajo la protección de los tres niveles de gobierno", hasta que se les acabó unos años más tarde. Y, por ende, estaban protegidos desde el poder al igual que sus antiguos jefes: *el Chapo* y *el Mayo*.

Jiménez Mota tuvo acceso a los informes, publicó parte de ellos y fue "desaparecido" para que no continuara con sus revelaciones y pesquisas periodísticas.

En lo posible, respetamos aquí la redacción original de estos informes que habrían sido elaborados por el Centro de Investigaciones y Seguridad Nacional (Cisen).

ANEXO 1

Delegación estatal en Sonora "Los Tres Caballeros"

NARCOTRÁFICO

Hermosillo, Son., 05 de Diciembre de 2003

1. Marco General

El narcotráfico representa el principal delito organizado en Sonora. En el año 2002 la entidad ocupó el primer lugar en decomiso de marihuana en el país con 297 toneladas, en tanto que Arizona ocupó el tercer lugar en decomiso de marihuana de las entidades fronterizas estadounidenses con 98 toneladas. En el 2003, hasta el mes de octubre, del lado mexicano sumaban 193 toneladas de marihuana aseguradas, mientras que del lado estadounidense ascendían a 146 toneladas.[1]

---

[1] PGR, Delegación Sonora; y Aduana de EUA.

También es advertido como el fenómeno delictivo que más preocupa al estado por los efectos colaterales que conlleva, como la venta de droga al menudeo, la adicción y la comisión de delitos del orden común. En el año 2003 hasta el mes de octubre, los cateos a los tiraderos de droga fueron 311 más que los 175 realizados en el 2002, de igual forma en los primeros diez meses del presente año las detenciones de los tiradores urbanos fueron 200 más que las 180 realizadas el año anterior.[2] Por otra parte, el 7% de la población estatal es adicta a alguna droga, resaltando la alta demanda del *Crystal* y el uso ascendente de la cocaína, heroína y metanfetaminas.[3] En tanto que el 70% de la incidencia delictiva estatal es cometida por personas drogadas,[4] mientras que el 60% de los que ingresan a los centros intermedios son adictos.[5]

Además es considerado el responsable del estado de indefensión que predomina en la población local, ante la apuesta de las bandas delictivas por dirimir sus conflictos a través de la violencia. En el año 2003 hasta el mes de noviembre, en la entidad se contabilizaban 15 ejecuciones más que los 30 homicidios con características de ajusticiamiento registrados el año anterior.[6]

Asimismo persiste la corrupción asociada al narcotráfico en las estructuras de los tres niveles de gobierno, deteriorando la capacidad institucional para enfrentarlo. Ejemplo de ello es la canti-

[2] PGR, Delegación Sonora.
[3] Informe estadístico de la Secretaría de Salud en Sonora.
[4] PGJE de Sonora.
[5] Consejo Tutelar de Menores (Cotume).
[6] Delegación Estatal del Cisen en Sonora.

dad de droga que se interna a Arizona, EUA, que no es detectada en su tránsito por la entidad, la cual a partir del año 2000 asciende en promedio anual a 107 toneladas de marihuana y 2.1 toneladas de cocaína, 244 Kg. de anfetaminas y 16 Kg. de heroína.[7] Otros ejemplos, lo representan la aprehensión en septiembre de 2003 de Juan Luís Guzmán Enríquez, quien como comandante de la AFI en Hermosillo se encargaba de brindar seguridad a la organización de Joaquín Guzmán Loera (a) "El Chapo Guzmán"; y la detención en abril de 2003 del subdelegado de la PGR en Sonora, Eduardo Santos Acosta Michel, en la aduana de Nogales, Arizona, por no declarar su intención de introducir 30 mil dólares a México.

2. HIPÓTESIS

En el estado las organizaciones de Ismael Zambada García (a) "El Mayo Zambada", Joaquín Guzmán Loera (a) "El Chapo Guzmán", Vicente Carrillo Fuentes y la de los hermanos Caro Quintero lograron pactar una alianza que les ha permitido el control de la plaza que representa el corredor Sonora-Arizona. La estructura criminal del llamado "supercartel", está conformada por los hermanos Alfredo, Amberto y Carlos Beltrán Leyva (a) "Los Tres Caballeros"; la familia Salazar Ramírez, encabezada por Adán Salazar Zamorano; el colombiano Juan Diego Espinoza Ramírez (a) "El Tigre" y su esposa Sandra Ávila Beltrán (a) "La Reyna del Pacífi-

[7] Departamento de Aduanas y Seguridad en la Frontera Americana.

co", Jesús Enrique Salazar Villa y Salomón Benítez (a) "El Licenciado", entre los más importantes.

SE DICE QUE LOS HERMANOS Beltrán Leyva irrumpieron en la actividad del narcotráfico con Amado Carrillo Fuentes (a) "El Señor de los Cielos", pero que a la muerte de éste se alinearon con Joaquín "El Chapo Guzmán" y Héctor Palma Salazar (a) "El Güero Palma", volviéndose a unir a "El Chapo" tras su fuga en enero de 2001.

"Los Tres Caballeros" presuntamente se posicionaron del sur del estado tras la muerte de Rodolfo García Gaxiola (a) "El Chipilón" en mayo de 1998, quien como jefe de la entonces PJF en Sonora brindó protección a la organización de los hermanos Arellano Félix; manteniendo como sede Ciudad Obregón, municipio de Cajeme, Son., desde donde supuestamente operan la recepción aérea de cocaína. Cabe señalar que Ciudad Obregón fue conocida como "El Culiacancito", al haber sido refugio de narcotraficantes famosos, entre ellos Rafael Caro Quintero y Miguel Ángel Félix Gallardo.

En forma paralela, trascendió que los hermanos Beltrán Leyva fortalecieron sus operaciones en la siembra de marihuana en el llamado "Cuadrilátero del Diablo" que conforman la región de la alta Sierra Madre y que cubre parte de los estados de Chihuahua, Durango, Sinaloa y Sonora. La droga presumiblemente es trasegada por la región de la sierra de Álamos, Son., con destino a la frontera norte del estado, principalmente Agua Prieta y Nogales, manteniendo para ello una numerosa red de burreros y narcotraficantes menores a lo largo del territorio sonorense.

Los hermanos Alfredo, Amberto y Carlos Beltrán Leyva utilizan los seudónimos "Arturo", "Marco Arturo" y "Arturo de Culiacán", bajo los cuales son buscados por la DEA por la introducción de droga a Estados Unidos a través de aviones "Velocity";[8] de igual forma por la PGR como parte de la Operación Marquis.[9] Cabe destacar que información periodística menciona que Marco Arturo Beltrán Leyva logró escapar de policías federales que lo esperaban en el aeropuerto de Monterrey, NL, por su relación con la familia Mendívil Gastélum y Octavio Mendoza, acusados de lavado de dinero.[10]

En informativos locales dan cuenta de que hay conjuntos norteños como "Carlos y José", "Sergio Vega", "El Coyote y su Banda" y "Los Nuevos Cadetes de Linares" que les cantan corridos a los hermanos Beltrán Leyva, que se han hecho famosos en la radio; incluso, algunos se aventuran a decir que los mismos amenizan grandes fiestas, donde participan como invitados especiales comandantes y agentes de la PGR.

Los hermanos Beltrán Leyva han operado bajo la protección de las autoridades de los tres niveles de gobierno. Destacan los funcionarios incluidos en la administración estatal que inició actividades el 13 de septiembre de 2003, que en el pasado fueron asociados con el crimen organizado, como Roberto Tapia Chán, Director de la Policía Judicial del Estado (PJE) y Abel Murrieta Gutiérrez, Subprocurador de Averiguaciones Previas de la Procuraduría General de Justicia del Estado (PGJE); quienes en el pasado

[8] Periódico *El Imparcial*, 10 de abril de 2002.
[9] Periódico *El Imparcial*, 10 de abril de 2002.
[10] Periódico *El Norte*, 3 de agosto de 2001.

coexistieron dentro de la PGJE y en diferentes tiempos fueron los responsables de la seguridad pública de Ciudad Obregón, Cajeme, Son., ayuntamiento en donde se reagruparon en el año 2000 siendo presidente municipal Ricardo Robinson Bours Castelo, hermano del hoy gobernador José Eduardo Robinson Bours Castelo.

3. *MODUS OPERANDI*

En Ciudad Obregón, Cajeme, Son., se confirmó la presencia ocasional y por separado de los hermanos Beltrán Leyva. Durante sus visitas se albergan en diversas propiedades a nombre de terceras personas, entre ellas la ubicada en la avenida California, entre las calles Ignacio Allende y Miguel Hidalgo de la colonia Santa Anita, cuya propiedad y registro de diversos servicios públicos aparece a nombre de Silvia Flores, con quien Amberto Beltrán Leyva mantiene una relación extramarital.

DURANTE LA ESTADÍA de alguno de los hermanos Beltrán Leyva, su protección recae en Carlos Sánchez Rojas, ex comandante de la Policía Municipal de Cajeme, como gente del primer círculo del Director General de la PJE, Roberto Tapia Chán. La confianza depositada en Sánchez Rojas, lo ubica como el enlace de los narcotraficantes y las nuevas autoridades estatales.

Los cargamentos de cocaína y marihuana que trasiegan los hermanos Beltrán Leyva, son escoltados por dos unidades vehiculares de la PJE durante su trayecto a la frontera norte por los caminos de terracería y brechas de la entidad, sirviendo la primera como avanzada para detectar a tiempo la operación de retenes y puestos de revisión carreteros que instalan la AFI y el Ejército Mexicano a lo largo del territorio sonorense, con el objeto de avisar a tiempo a la segunda patrulla para que desvíen su trayectoria.

Entre las personas cercanas a los Beltrán Leyva se identificó a Jairo Manuel Madrid Salazar, dueño de un campo agrícola con pista de aterrizaje ubicado en la comisaría de Pueblo Yaqui, Cajeme, el cual registra una intensa actividad de aterrizaje y despegue de avionetas entre las 00:00 y 04:00 horas entre semana. El citado campo mantiene la razón social de su anterior propietario "Fumigaciones Guzmán".

Otras de las propiedades que se dice son de los hermanos Beltrán Leyva, pero que no aparecen como tal, son la residencia ubicada en la calle Durazno de la colonia Chapultepec en Ciudad Obregón, Cajeme; así como un rancho llamado "La Palma" en la misma municipalidad, en el cual se presume cuenta con pista de aterrizaje para el descenso de las avionetas cargadas de droga.

En el municipio de Hermosillo también se ubicó un predio que se vincula con los hermanos Beltrán Leyva, que se encuentra dentro del poblado El Tazajal, a 10 kilómetros de la salida norte de la capital del estado, del que se sospecha sirve para almacenar la marihuana proveniente de la parte serrana de los estados de Chihuahua, Durango, Sinaloa y Sonora, así también de la cocaína colombiana que aterriza en la entidad. El predio en mención mide aproximadamente 100 metros de ancho y 40 metros de largo, estando rodeado por una barda perimetral de dos metros de alto, dentro del cual está instalada una antena de radiocomunicación de cerca de 25 metros de altura, siendo común la presencia en el lugar de vehículos lujosos de modelo reciente, mayoritariamente camionetas *pick up* de doble tracción, así como la presencia de patrullas de la PJE con destacamento en el poblado de San Pedro El Saucito.

Una de las camionetas *pick up* observadas en este predio, fue identificada como propiedad de Azucena Hermosillo Medina, quien aparentemente mantiene una relación sentimental con Adán Salazar Zamorano, identificado como el principal productor y distribuidor de marihuana en la región del valle del Mayo, con centro de operación en la ciudad de Navojoa y vínculos con Vicente Carrillo Fuentes.

4. ACTORES

Alfredo, Amberto y Carlos Beltrán Leyva (a) "Los Tres Caballeros", "Arturo", "Marco Arturo" y "Arturo de Culiacán".-

Son originarios del estado de Sinaloa.

Carlos Beltrán Leyva registra como domicilio el ubicado en el número 130 de la calle Lerdo de Tejada, en Culiacán, Sin.

Carlos Beltrán Leyva tiene registrada la propiedad de la avioneta Cessna, modelo TU206G, serie 6573, en la Dirección General de Aeronáutica Civil de la SCT.

Amberto Beltrán Leyva mantiene una relación sentimental con Silvia Flores Parra, quien presumiblemente le sirve como presta-nombres, y como tal aparece como propietaria del domicilio ubi-cado en la avenida California, entre las calles Ignacio Allende y Miguel Hidalgo, colonia Santa Anita, en Ciudad Obregón, Caje-me, Son. Se destaca que Silvia Flores Parra es hija de Moisés Flores Oliva, considerado pionero en la recepción de cargamentos aéreos de droga en la localidad; y hermana de Moisés Flores Parra, ubica-do como narcotráfico menor.

Jairo Manuel Madrid Salazar

Es originario presumiblemente del estado de Sinaloa.

Tiene como domicilio el ubicado en el número 552 de la calle Dr. Edmundo Taguada de la colonia Villa Tizón, en Ciudad Obre-gón, Cajeme, Son., este mismo domicilio aparece en diversos trá-mites de Víctor Manuel López Ojeda.

Es propietario de un vehículo tipo Vagoneta, modelo 2002, color blanco, matrícula VTZ3828 del estado de Sonora, con valor de compra de 401,100 pesos. También de un vehículo tipo *pick up* doble cabina Chevrolet, modelo 2001, color blanco, matrícula UN30414 del estado de Sonora, con valor de compra de 273 mil pesos.

Con este domicilio López Ojeda tiene registrado un vehículo sedán Chevrolet, tipo Malibú LS, color cereza, matrícula VTK4455 del estado de Sonora, con valor de compra de 205 mil pesos; otro tipo Vagoneta, modelo 2002, color blanco, matrícula VTK6931, con valor de compra de 400,181 pesos; y de un tipo sedán Chevrolet, modelo 2001, color blanco, matrícula VTG7017 del estado de Sonora, con valor de compra de 268 mil pesos.

Es propietario de un campo agrícola con pista de aterrizaje ubicado en la comisaría de Pueblo Yaqui, Cajeme, recientemente comprado a la empresa "Fumigaciones Guzmán".

Roberto Tapia Chán

Originario del estado de Sonora, nació el 10 de noviembre de 1954.

Está casado con Gloria Rodríguez Navarro, con quien procreó a dos hijos, Melvin Roberto y Miriam Ofelia Tapia Rodríguez.

Hijo de Santiago Tapia Tapia y Manuela Paz Chán Figueroa, tiene un hermano, Francisco Santiago Tapia Chán.

Con domicilio particular en la calle Mayo número 1196, de la colonia Chapultepec, en Ciudad Obregón, Cajeme, Sonora. Teléfono convencional 01 (622) 213 25 94.

Con domicilio laboral en el kilómetro 5.5 del bulevar García Morales, colonia La Manga, en Hermosillo, Sonora. Teléfonos convencionales 01 (662) 289 88 01, 289 88 07, 289 88 00, extensión 15000, y teléfono celular 01 (662) 256 10 65.

Director General de la Policía Judicial del Estado (PJE) desde el 15 de septiembre de 2003, anteriormente fue secretario de Seguridad Pública Municipal de Cajeme de 2000 a 2003, siendo presidente municipal Ricardo Bours Castelo (PRI).

Dentro de la PGJE fue director de Averiguaciones Previas de 1989 a 1991, siendo Procurador Sóstenes Valenzuela Miller; Subprocurador de Control de Procesos de 1994 a 1995, siendo

Procurador Wenceslao Cota Montoya; Subprocurador de Justicia y Averiguaciones Previas de enero a diciembre de 1995, siendo Procurador Wenceslao Cota Montoya; y de nueva cuenta director de Averiguaciones Previas en 1996, siendo Procurador Rolando Tavares Ibarra.

Fue director de Seguridad Pública en el ayuntamiento de Navojoa, de 1996 a 1997, siendo nombrado por el edil Arsenio Duarte Murrieta (PRI).

De acuerdo con la Coordinación de Enlace con el Sector Privado y Financiero de la precandidatura presidencial de Francisco Labastida Ochoa, a cargo del hoy senador Eduardo Bours Castelo, hermano del actual edil de Cajeme, Roberto Tapia Chan aportó 15 mil pesos para esta precampaña.

La primera vez que se le relacionó con narcotraficantes, data del año de 1991 siendo director de Averiguaciones Previas, al involucrársele en la desaparición del expediente del narcotraficante Jaime González Gutiérrez (a) el "Jaimillo", junto con los entonces subprocuradores Carlos Castillo Ortega y José Francisco Leyva Gómez, actualmente subprocuradores de Averiguaciones Previas y de Control de Procesos de la PGJE, respectivamente.

El segundo antecedente data del año de 1996, siendo director de Seguridad Pública en Navojoa, cuando se le identificó en la protección de narcotraficantes urbanos y se le responsabilizó en el crecimiento de la delincuencia local.

5. Vínculos

Ricardo Robinson Bours Castelo

Hermano del Gobernador de Sonora, José Eduardo Robinson Bours Castelo.

Como presidente municipal de Cajeme 2000-03, reagrupó a servidores públicos vinculados con el narcotráfico dentro de su administración, como Roberto Tapia Chán en la Secretaría de Seguridad Pública Municipal, René Barranco Zárate, en la Subsecretaría de esta misma dependencia; y Abel Murrieta Gutiérrez en la Secretaría del ayuntamiento de Cajeme.

La estrecha relación que mantiene con su hermano ya como Gobernador, le permitió volver a reacomodar a este grupo en puestos claves de la administración estatal, como Roberto Tapia Chán en la Dirección General de la PJE, Abel Murrieta Gutiérrez en la Subprocuraduría de Averiguaciones Previas de la PGJE, Guillermo Silva Montoya en la Subsecretaría "A" de Gobierno, y Wenceslao Cota Montoya en la Dirección Jurídica del Gobierno del estado.

En el pasado, el grueso de estos funcionarios coexistieron en la PGJE y en diferentes tiempos fueron los responsables de Seguridad Pública Municipal de Cajeme. Tienen además como común denominador haber sido asociados con el narcotráfico en los diferentes cargos en los que se han desempeñado.

Roberto Tapia Chán

Como Director General de la PJE, inició una reestructuración de los mandos de esta corporación en aquellas plazas de la entidad consideradas como estratégicas para la operatividad del narcotráfico, por lo que se tiene documentado que gente cercana a él ha sido colocada al frente de las comandancias lo cual le permitirá operar con toda libertad los apoyos necesarios que requieran el grupo de Beltrán Leyva y sus operadores locales para proteger y garantizar el traslado de enervantes desde las zonas de cultivo y almacenamiento hasta la frontera norte del estado.

Del nombramiento de los nuevos comandantes de la PJE, destacan por su cercanía a Tapia Chán, Mirna Raquel Espinoza Olivas en San Luis Río Colorado, Luis Ortega Parra en Caborca, Raúl Guillén Rodríguez en Nogales, Sergio Guevara Ontiveros en Cananea, Ramón Ontamucha Ramírez en Agua Prieta y Trinidad Enrique Rodríguez Ayón en Álamos.

Ha trascendido que los nuevos comandantes fueron comisionados a las principales plazas bajo el compromiso de entregar a Tapia Chan cuotas que varían entre los 20 a 30 mil dólares por mes.

Adán Salazar Zamorano

Es conocido como el principal productor y distribuidor de marihuana en la región del valle del Mayo, con centro de operación en la ciudad de Navojoa. Existe la presunción de que Adán Salazar mantiene vínculos con el cartel de Vicente Carrillo Fuentes. Entre sus colabores se ha identificado a sus hijos Jesús Alfredo y Adán Salazar Ramírez, así como a Gerardo Pozos Jiménez señalado como uno de los principales distribuidores de cocaína en esta misma localidad.

La presencia de Salazar Zamorano en Navojoa, data de los primeros años de la década de los 90, procedente del estado de Chihuahua. La intención de sentar aquí su centro de operación encontró oposición de la familia Enríquez Rosas, hasta ese momento considerada la principal banda criminal en la localidad. El enfrentamiento entre ambas familias tuvo como clímax los años de 1997, 98 y 99 cuando se registraron siete homicidios con características de ajusticiamiento.

Las hostilidades se acentuaron con el homicidio de Carlos Enríquez Rosas el 25 de diciembre de 1997, siendo señalado como responsable Alfredo Salazar Ramírez. Un año después, Alonso Salazar Ramírez fue secuestrado al salir de la escuela en octubre de 1998, siendo encontrado su cuerpo en enero de 1999 flotando en un canal secundario de riego, a la altura del kilómetro 13 de la carretera estatal Navojoa-Huatabampo, con las manos atadas y un impacto de bala en la base del cráneo. Alonso de 16 años de edad, era el hijo consentido de Adán Salazar. A los días siguientes fueron asesinados José Ubel Espinoza Flores y Víctor Enrique Coronado Gastélum, identificados como parte de la banda de la familia Enríquez Rosas. Finalmente en abril de 1999 fueron acribillados Isaac Enríquez Rosas y sus hijos Luis Clemente de 14 años y Enríquez Miranda de 19 años. A pesar que la principal línea de investigación de estos últimos homicidios conducía a Adán Salazar Zamorano, en ningún caso fue comprobada su responsabilidad o la de alguno de sus colaboradores.

Entre los últimos incidentes en el que se vieron involucrados integrantes de la familia Salazar Zamorano se registró el 2 de agosto de 2003, cuando en el domicilio de Alfredo Salazar, ubicado por las calles Manuel Doblado entre Toledo y Rincón, se registró una fuerte balacera, lo cual originó la movilización de elementos de las corporaciones policiacas federales, estatales y municipales que acudieron al lugar, donde presuntamente las personas que se encontraban dentro del inmueble repelieron el ataque de un comando de diez personas fuertemente armados que habían irrumpido en la casa con intenciones de levantar a Alfredo Salazar y al no cumplir su cometido optaron por retirarse, versión que horas más tarde fue desechada por las múltiples contradicciones de los mismos, sin embargo sorpresivamente, aún cuando en el interior del domicilio se encontraban seis personas fuertemente armadas, entre ellas el mismo Alfredo Salazar, y aún cuando estaba rodeado totalmente el inmueble, este último se dio a la fuga refugiándose en otro inmueble localizado en esta ciudad, sin que los elementos policiacos realizaran intentos para detenerlo.

En fechas recientes, se registró la desaparición de Abelardo Salazar Ramírez ocurrida el 4 de noviembre de 2003, cuando se encontraba en la ciudad de Agua Prieta y al salir de un restaurante fue levantado junto con otras tres personas originarias de esa ciudad fronteriza por un grupo armado, sin que a la fecha las autoridades judiciales del estado hayan definido algo al respecto, sin embargo, de manera extraoficial se sabe que Abelardo Salazar se trasladó a esa ciudad para realizar un cobro de cuentas por la falta de pago de un cargamento.

ANEXO 2

(Documento también atribuido al Cisen)

Ocho meses después persistían impunidad y corrupción. Ésta era la percepción oficial.

Agosto 26 de 2004

Marco general

En el Estado de Sonora, la delincuencia organizada como secuestros, robo de vehículos y tráfico de armas de fuego y principalmente el narcotráfico siguen operando impunemente, debido entre otros factores, a la corrupción que priva en varias corporaciones de Seguridad Pública y Policía Judicial del Estado (PJE), Procuraduría General de la República (PGR), así como de impartición de justicia; dificultando las acciones tendientes a combatir y erradicar su presencia en las actividades económicas, políticas y sociales del país.

LA CORRUPCIÓN DE ELEMENTOS de la Procuraduría de General de Justicia del Estado (PGJE), Procuraduría General de la República, así como de elementos de la Dirección de Seguridad Pública y Policía Judicial del Estado, ha generado que la sociedad perciba un ambiente de impunidad ante los diferentes ilícitos que se cometen, los cuales en pocas ocasiones son castigados, ya que en éstos se encuentran involucrados elementos policiacos, situación que hace que la población no confíe en las autoridades.

HIPÓTESIS

La penetración del narcotráfico en los cuerpos policiacos del país y de la entidad, es un grave riesgo para la Seguridad Nacional, ante el deterioro social que sufren aquellas corporaciones infiltradas por elementos vinculados a actividades delictivas contra la salud o de cualquier otra índole.

En el Estado de Sonora, también se presenta el fenómeno descrito entre los servidores públicos, de forma paralela a la creciente operatividad del crimen organizado; en particular elementos de las corporaciones policiacas federales, estatales y municipales, que brindan protección institucional a miembros de la delincuencia organizada, logrando de esta forma operar sus actividades ilícitas a cambio de cuotas de dinero en efectivo.

ANTECEDENTES

Al inicio de su gestión (16 de septiembre del 2003), como Director General de la PJE, el licenciado *Roberto Tapia Chan,* inició una reestructuración de los mandos de esta corporación en aquellas plazas de la entidad consideradas como estratégicas para la operatividad del narcotráfico, por lo que se tiene documentado que gente cercana a él ha sido colocada al frente de las comandancias lo cual le permite operar con toda libertad los apoyos necesarios que requieran el grupo Enríquez Parra y sus operadores locales para proteger y garantizar el traslado de enervantes desde las zonas de cultivo y almacenamiento hasta la frontera norte del estado.

A FINALES DEL 2003 el licenciado Roberto Tapia Chan, designa como nuevos comandantes de la PJE a Mirna Raquel Espinoza Olivas en San Luis Río Colorado, Luís Ortega Parra en Caborca, Raúl Guillén Rodríguez en Nogales (se mantiene a la fecha), Sergio Guevara Ontiveros en Cananea, Ramón Ontamucha Ramírez en Agua Prieta y Trinidad Enrique Rodríguez Ayón en Álamos, ha trascendido que los nuevos comandantes fueron comisionados a las principales plazas bajo el compromiso de entregar a Tapia Chan cuotas que varían entre los 20 a 30 mil dólares por mes.

POR PARTE DE LA PJE, resalta el licenciado Roberto Tapia Chan, quien tiene de enlace con los grupos delictivos a Carlos Sánchez Rojas, ex comandante de la Policía Municipal de Cajeme.

LAS ESTADÍSTICAS de la Procuraduría General de Justicia del Estado (PGJE) establecen que de enero - agosto del 2004 en Sonora, se han registrado más de 70 ejecuciones de personas ligadas presuntamente en actividades de narcotráfico, por la disputa del control, siendo acusados por fuentes vivas y por principales medios de comunicación a los hermanos Enríquez Parra como los actores intelectuales y materiales de esas ejecuciones, identificando como líder a Raúl (a) "El Nueve", quien es compadre del sinaloense Alfredo Beltrán Leyva (a) "el Mochomo Beltrán", conocido por las autoridades policiacas como el traficante más importante de heroína en el Estado de Sinaloa, ambos se identifican como operadores de Joaquín Guzmán Loera (a) "el Chapo Guzmán" e Ismael Zambada (a) "el Mayo Zambada" o "MZ", en los estados de Sonora, Chihuahua y Sinaloa, aprovechando su poder para cobrar venganza sobre algunos narcotraficantes que no pertenecen a su grupo y lograr el control en el territorio sonorense.

El pasado 23 de Junio del 2004, en la Comisaría de la Marte R. Gómez – Tobarito, municipio de Cajeme, en el domicilio ubicado en calle Insurgentes número 419, propiedad de Ramón Valles ***, elementos de la Secretaría de Seguridad Pública Municipal solicitaron el apoyo de la Policía Judicial del Estado (PJE) y de la Agencia Federal de Investigaciones (AFI), con el propósito de llevar a cabo un operativo, toda vez que a través de una denuncia anónima se informó que en ese lugar se efectuaban algunos disparos y que se realizaba una fiesta desde un día anterior, además de la presencia de varios vehículos de modelos recientes y presuntamente blindados, por lo que al realizar el operativo se logró la detención de 17 personas; nueve vehículos, así como diferentes armas de uso exclusivo del Ejército.

LOS 17 DETENIDOS, los vehículos y las armas, fueron trasladados esa misma tarde a las instalaciones de la Subdelegación de Averiguaciones Previas de la PGR, al mando de la licenciada Rosa Amelia Soria Cázarez, donde se liberó a 15 de los detenidos, quedando internados en el Centro de Readaptación Social (Cereso) de esta localidad, solamente Brayán Herrera Núñez de 28 años de edad y Mario Luna Tapia de 21 años de edad, ambos originarios de Culiacán, Sinaloa.

SE PRESUME QUE durante el operativo se detuvo a dos de los hermanos de Raúl Enríquez Parra, quienes fueron liberados en las instalaciones de la PGR, al realizar un pago de 300 mil dólares a las autoridades federales específicamente a la licenciada Rosa Amelia Soria Cázares, lo que originó su suspensión provisional del puesto, cuyas negociaciones fueron dirigidas por Raúl y como intermediarios el Jefe de Grupo Antisecuestro de la PGJE, Abelardo Gil Castelo y por ex Jefe de Grupo de la PJE, Antonio Hoyos Sotelo, quien desde el sexenio anterior mantiene una buena relación con los hermanos Enríquez Parra, toda vez que su hermano Manuel Emilio Hoyos Sotelo, se desempeñaba como Director de la Policía Judicial del Estado.

EN LA MADRUGADA del domingo 22 de agosto del presente año, en el estacionamiento de restaurante Denny's, ubicado en la avenida Cristóbal Colón número 11390, Complejo Industrial Chihuahua, se registró la ejecución de dos personas de nombres Javier Valenzuela Mendoza, de 26 años, originario de la ciudad de Nogales, Sonora y José Bernabé Enríquez Martínez.

Los testigos presenciales de la ejecución señalan que los ejecutores viajaban en dos camionetas *pick up*, de modelo reciente, blancas, marca Dodge Ram.

Durante las investigaciones de los hechos por parte de elementos de la Fiscalía de Homicidios de la Policía Judicial del Estado (PJE), detuvieron a tres personas que acompañaban a las víctimas, estando hospedados en el hotel Holiday Inn Express, localizado contiguo al restaurante.

Las personas detenidas son Vidal Valenzuela Ortiz de 35 años originario de Badiraguato, Sinaloa; Ramón Castro Gutiérrez (Ramón Enríquez Flores) de 33 años con domicilio Amapa número 911 del Fracc. Álamos 1, en Los Mochis, Sinaloa y Martín Noé Aragón Panduro y/o Andrés Gómez Salmerón (Martín Enríquez Flores) de 24 años con domicilio en Rancho Santa Matilde, Municipio de Guazapares, Chih.

Así también al revisar los vehículos que se localizaban en estacionamiento del hotel, se detectó que los vehículos que utilizaron para trasladarse en la capital del estado son un Cavalier Rojo con engomado de Onappafa N° 12088, un Contour azul claro sin placas de circulación, un Crown Victoria sin placas y una *pick up*

Ram 2001, con matrícula DM30050, registrado a nombre de Sandra Luz Félix Orduño con domicilio conocido en Chínipas, Chih.

En uno de ellos se encontraron 14 armas cortas, 7 rifles AK-47, de los conocidos como Cuernos de Chivo, 2 mini escopetas 14 mm, 2 rifles Velvet y 4 granadas de mano, además de cartuchos y cargadores para todo el armamento que traían.

En las primeras investigaciones de la ejecución los tres detenidos manifiestan que era un grupo conformado de 8 personas, que participarían en "levantones" y en la ejecución de personas radicadas en la capital de Chihuahua, relacionadas al narcotráfico, siendo su líder Guadalupe Hernández, quien hasta el momento se encuentra desaparecido, de igual forma que otros dos.

Las autoridades judiciales señalan que a este grupo de sicarios los conocen como "Los Números" o "Los Güeritos", asentados en Sinaloa.

Una fuente viva al interior de la PJE, señala que además de las armas encontradas por los elementos de la Fiscalía de Homicidios, los sicarios ejecutados y los detenidos tenían en su poder una fuerte cantidad de dinero en dólares y moneda nacional cercana al millón de pesos, de la cual sólo se reportó una parte.

El cártel incómodo
de José Reveles
se terminó de imprimir en **Octubre** 2010 en
Drokerz Impresiones de México S.A. de C.V.
Venado N° 104, Col. Los Olivos
C.P. 13210, México, D. F.